C000126432

SOMMAIRE : travail de l'extérieur vers l'intérieur

Introduction :

Bonjour, n'étant pas écrivain, je commencerai ce livre centré sur l'hypnose et l'hypnothérapie de la manière suivante : en partageant une expérience liée à un souvenir d'enfance…

Cela faisait plus de six mois que je baignais dans l'hypnose. Ce jour-là, je me lève tôt pour aller au régiment, je prépare mon café, et regarde par la fenêtre les montagnes se parer de blanc, au milieu d'un ciel quittant progressivement sa robe bleu sombre pour quelques jeux de lumière plus clairs. Je décide alors de sortir de cette vie machinale, programmée, : 6h00 réveil, 6h15 je dois avoir fini de me raser, et de me brosser les dents, 6h20 café : ensuite, il faut allumer le feu, sortir le chien, mettre la table du déjeuner pour aller travailler à 7h10, au plus tard à 7h15… Mais ce matin-là, tout est tellement différent : après avoir contemplé ce spectacle que m'offrait la nature au réveil, je prends le temps de m'assoir sur le canapé. Et contrairement à mon habitude, je prends le temps, tout le temps nécessaire pour savourer mon élixir du matin, mon café.

Je porte la tasse à ma bouche, je sens ces effluves délicieuses de café ; je ferme les yeux… C'est comme-ci j'inspirais la moitié des molécules de café présentes dans cette vapeur… et … je pars… je voyage dans mon enfance… Je me retrouve chez ma grand-mère paternelle. Il paraît qu'elle a du sang indien. Je vois mes petites mains tenir le carrelage blanc de la cuisine, mes yeux cherchant à comprendre ce qu'il se passe… Je sens cette odeur puissante de café fraîchement moulu que ma grand-mère s'apprête à faire couler… Les oreilles bercées par les chants des criquets et sous les vives lumières du jour, je la vois préparer soigneusement ce délicieux nectar. Cette sublime pensée me traverse : sa cuisine est toujours restée embaumée de ce parfum de café… Quand, d'un seul coup, un tsunami d'émotions me parcourt, chargé de tous les moments de joie que j'ai pu connaître pendant cette période, tout cet amour, ces rêves, les idoles de mon enfance, mes grands-parents des deux côtés, les friandises, les sucres à coco, les bonbons à la menthe de mamie Louise. C'était aussi une grande fierté, ma mamie : tout le monde la connaissait, les gens passaient devant chez elle et la saluaient, klaxonnaient, elle vendait des glaces, des bonbons et des cacahuètes avec sa roulotte. Elle avait toujours une petite attention pour nous… comme un bon sinobol (snowball, glace à l'eau typique des Antilles) ou un bon sorbet coco que l'on préparait avec une sorbetière antillaise. Que dire de grand-père Bertucio qui grimpait à mains nues aux arbres pour nous prendre des noix de coco, cet homme très fort, qui était marin, pêcheur, postier, et plein d'autres métiers... Tout cela m'est remonté en pleine tête, en plein cœur… J'avais oublié… et ce mélange de joie et de tristesse m'a chamboulé, et je me suis mis à pleurer. J'ai compris maintenant. Et je pense que ce puissant ancrage avec le café date de mon enfance, ce café cultivé en Guadeloupe, séché, torréfié par ma famille, et qui entre les mains de grand-mère devenait le meilleur café du monde. C'est en utilisant inconsciemment cet ancrage que j'ai remonté le temps en retournant au pays, au cœur de mes émotions.

Peut-être que vous vous dites que c'est une drôle de manière de commencer un livre qui parle d'hypnose, mais pour moi tout est hypnose, ou du moins tout peut l'être…

Je me souviens de cet autre jour où je me trouve devant la psychologue à la suite d'une divergence d'opinion dans l'armée, ce jour où je me rends compte que mon système de valeurs a complètement changé, que je n'accepterai plus jamais ce que j'ai pu accepter auparavant. Je la revois encore, cette psychologue, me poser cette suite de questions :

– Voulez-vous rester dans l'armée ?

Je lui réponds qu'il est impossible de casser son contrat comme cela, que le responsable des ressources humaines ne le permettra pas.

Elle enchaîne avec un :

– Que comptez-vous faire ?

Ma réponse ne tarde pas à venir :

– Je vais devenir hypnothérapeute.

Et le simple fait de me rendre compte que tout n'est qu'une question de temps a complètement apaisé ma colère. Alors, en rentrant chez moi, je me dis que j'ai maintenant le temps d'avancer vers mon rêve.

Il en découle alors une foule de questions :

Comment vais-je pouvoir m'épanouir dans l'hypnose, tout en sachant que je suis encore lié à mon contrat ?

Quelle sera ma première étape, la première chose que je devrai mettre en place pour approcher mon bonheur ?

Et de fil en aiguille, de belles histoires en belles histoires nous voilà à cet instant où, dans le désert, dans un pays en guerre, j'écris ce livre, et continue de me laisser porter par cette force intérieure, cette croyance que tout est possible et que moi aussi je décrocherai mes étoiles, que je deviendrai pleinement celui que je suis à l'intérieur de moi : une personne tournée vers l'humain. Alors certains peuvent se demander pourquoi je parle d'hypnose et humanité, et pourquoi ce livre est très orienté sur les sens.

Pour moi, nos sens sont les portes qui mènent à l'état hypnotique ainsi qu'à notre humanité (à cette personne que l'on est à l'intérieur). En effet, on amène l'hypnose grâce à une focalisation de l'attention sur un ou plusieurs de nos sens, afin d'explorer notre monde intérieur, changer ce qu'il y a à changer, mais aussi être plus humain, donner du sens à sa vie. Ce sens que l'on donne à notre vie se voit, se ressent, s'apprécie tout autant en soi qu'à l'extérieur de soi…

On apprécie le monde avec nos cinq sens… ces cinq sens que l'on cherche de manière consciente ou non à exploiter : on veut voir plus loin avec des jumelles, des télescopes, entendre et parler plus loin avec les téléphones portables, on fait des opérations sur des patients à distance, on peut, avec les progrès technologiques, recréer du goût artificiellement, on a même des ordinateurs qui pensent à notre place, on parle maintenant d'intelligence artificielle… Le développement de nos sens semble ne pas avoir de limite, et tout ce que l'on vit et expérimente est interprété par le cerveau qui l'analyse et filtre ou non les informations reçues, en vue d'en faire une sorte de base de données sensorielles…

Toutes ces données sont mémorisées, stockées sous la forme d'images, de sons, de sensations, à différents endroits du cerveau.

Suivant votre canal privilégié, vous allez mémoriser ces moments de votre vie, de vos expériences, plutôt sous forme d'images, de sons, de sensations, et même avoir accès à votre mémoire olfactive ou gustative.

Et lorsque l'on cherche à se souvenir ou en focalisant son attention sur ses sens, cela permet de contourner les barrières conscientes du cerveau afin d'activer différentes zones de celui-ci. Les sens sont un peu comme des canaux, des portes d'accès à l'inconscient : il suffit, en captant l'attention du patient, de l'amener à changer la direction, l'utilisation de ceux-ci. Par exemple, ne plus voir à l'extérieur de son corps, mais plutôt plus loin à l'intérieur, dans ses pensées, mieux entendre cette petite voix en soi, ressentir ce qu'il se passe dans son corps. Se souvenir est aussi une belle porte d'entrée : un souvenir fait appel à une ancienne sollicitation de tous les sens, celui-ci est alors encodé dans différentes zones du cerveau, et le fait de rechercher ce souvenir dans la mémoire perceptive permet de replonger en soi afin de facilement retrouver les images, les sons, les sensations.

Mais ne négligeons pas pour autant le pouvoir du mot « imaginer ». J'utilise souvent cette petite phrase : « Imaginer, c'est le début de pouvoir ». Imaginer revient à mettre en images, donc se faire en soi une représentation imagée d'une situation, ou de retrouver dans sa mémoire une expérience similaire. Implicitement, cela permet de contourner les barrières du conscient, pour porter son regard, son ressenti, tendre l'oreille à ce que l'on expérimente en soi, ce qui nous donne accès à une réalité beaucoup plus intérieure.

J'évoquais précédemment le fait de contourner les barrières du conscient. En effet, celui-ci filtre les informations stockées, on ne peut pas tout mémoriser dans notre vie, même les personnes atteintes d'une forme d'autisme …. Mais intéressons-nous quelques instants à la mémoire. Les dernières découvertes de l'INSERM à ce sujet nous informent qu'il y a cinq types de mémoire et qu'il est possible de travailler avec, d'améliorer les capacités de chacune d'elles.

Il n'existe pas en nous un seul endroit où est située la mémoire, cela ressemble plus à un ensemble de réseaux neuronaux qui seraient répartis dans diverses régions de notre cerveau, et c'est le bon fonctionnement et l'état de ce système neuronal qui font que l'on est plus ou moins performant. Il n'est pas rare d'entendre parler de la mémoire à long terme et de la mémoire à court terme. Il est possible de répartir la mémoire en 5 types : la mémoire à court terme, dite mémoire de travail, et les mémoires à long terme, c'est-à-dire la sémantique, la procédurale, la perceptive et l'épisodique.

La mémoire de travail est celle qui nous permet de faire nos actions quotidiennes, c'est une mémoire très utile pour retenir 4 à 7 paramètres pendant une dizaine de secondes, et lorsque nous maintenons une attention soutenue, ou en pratiquant la répétition, il est possible d'enregistrer les informations dans la mémoire à long terme.

La mémoire sémantique est celle du savoir, celle où l'on enregistre les connaissances du monde ; elle nous aide dans notre réflexion, elle a une grande importance dans l'expression de notre langage, dans le choix des mots mais aussi dans la connaissance que l'on peut avoir des objets, de la société, de l'histoire ; elle participe grandement à nous faire notre propre représentation du monde.

La mémoire procédurale est celle de nos comportements automatiques, de notre motricité, de tous les gestes que l'on a appris et que l'on est en mesure de reproduire sans nécessairement en avoir totalement conscience, tels que marcher, nager, faire du vélo ou du ski. Une fois mémorisé, ce savoir-faire est enregistré dans l'inconscient, vous connaissez et maitrisez alors le procédé qui vous permet de mener à bien vos actions. Cette mémoire est très utilisée par les sportifs, les artistes, les comédiens, tous les métiers où l'on demande de toucher l'excellence, de s'approcher du geste parfait. C'est cette même mémoire qui va nous permettre de rouler à vélo, de tourner tout en gardant l'équilibre, de pédaler à la bonne vitesse tout en maintenant une bonne synchronisation de nos mouvements.

La mémoire perceptive est celle qui va nous permettre d'interpréter et de stocker les informations perçues grâce à nos cinq sens (elle est aussi, d'ailleurs, un chemin très intéressant et délicat pour amener un état de transe). C'est la mémoire de la perception, la mémoire sensorielle, elle est utilisée pour enregistrer les informations, sous forme d'images, de sons, d'odeurs, de perceptions. Elle nous permet de reconnaître un ami dans une foule, de reconnaitre la voix de notre enfant, de nous souvenir des sensations éprouvées lors d'un accouchement (pour les femmes). Il y a le monde, notre vision du monde et la manière dont on expérimente le monde, et c'est bien cette mémoire qui intervient dans cette dernière partie.

Enfin **la mémoire épisodique** est une mémoire chronologique et autobiographique, elle nous permet à la fois de retrouver des souvenirs spécifique, tels que la naissance d'un enfant, un anniversaire, les dernières vacances, mais aussi de se projeter dans le futur. Avec le temps, cette mémoire peut s'altérer, les souvenirs s'estomper, voire être modifiés : selon le fonctionnement de votre cerveau, l'information peut être déformée, tronquée, généralisée.

Et parmi les éléments les plus importants à mémoriser, je vous dirai que tout l'art d'une bonne induction (le cheminement de petites phrases, de techniques qui vont amener la transe hypnotique) réside dans votre aptitude à contourner les barrières conscientes du patient. De le faire passer d'une perception extérieure du monde vers ce qu'il perçoit, ressent, ce qu'il se passe à l'intérieur de son corps ou dans ses pensées. Et pour cela, il est important de disposer de nombreuses techniques, telles que le souvenir, l'imagination, les ruptures de pattern (technique pour rompre les enchaînements logiques de pensée), la confusion mentale, le langage corporel, les outils que nous offre l'hypnose éricksonienne, ou tout simplement de bien maîtriser l'utilisation des sens pour amener votre patient d'une perception extérieure du monde vers l'intérieur de son monde.

Je profite de cette opportunité pour faire une transition, et vous inviter dans mon monde. Toujours fidèle à moi-même, appréciant particulièrement la clarté et la simplicité, je vous propose une toute autre manière de présenter l'hypnose. Une façon très probablement différente, moins habituelle, moins formatée, pour laisser plus de place à la liberté. Et comment pourrais-je insuffler un peu de liberté, partager un peu de mon savoir, si je dois me conformer aux mêmes carcans que mes parents, collègues, amis, en suivant ce plan qui nous impose de dire qui l'on est : histoire de l'hypnose, définition de l'hypnose, les différents types d'hypnose, qu'est-ce que l'hypnothérapie ? Comment insuffler la liberté, l'humanité, si tout est déjà calibré, avec un effet dirigé ? Je ne serai pas cette personne, et encore moins dans ces stéréotypes. Ce livre porte bien son nom : *Hypnose et humanité*, et sera bien consacré à cela. Il est tellement important de rapidement vous éloigner le plus souvent possible des protocoles pour vous tourner entièrement dans la relation d'aide, car chaque personne est unique, tout comme vous.

Dans ce livre, je vous présenterai une méthode originale qui vous permettra de faire en sorte que chaque personne puisse travailler sur elle en fonction de qui elle est, de son expérience de vie, de sa vision du monde, plutôt que d'être dans une situation où c'est le maître praticien qui impose, même sans nécessairement le vouloir, sa vision du monde.

Je vous laisse alors à votre curiosité explorer ce livre qui sera agrémenté d'anecdotes, de vraies séances, ainsi que de quelques partages de mon expérience de vie en tant que personne égocentrique mais qui aime profondément son prochain…

I. Histoire de l'hypnose :

Si l'on part de l'avis général disant que l'hypnose est un état naturel, il serait aussi hasardeux d'essayer de définir précisément son origine dans le temps que de définir l'origine de la parole. Cependant, on peut retrouver des traces de cette pratique dans l'Égypte ancienne ou la Grèce antique.

L'hypnose moderne telle qu'on la connaît naît sans doute avec Frantz Anton Mesmer (1737-1825) au XIXe siècle. Mesmer était un médecin autrichien, défenseur d'une théorie selon laquelle tous les êtres seraient régis par un fluide magnétique, le « magnétisme animal », théorie qui s'inscrit dans la lignée des magnétiseurs très présents à l'époque. Entrant dans des crises hystériques, les sujets seraient alors en mesure de s'auto-guérir ou de faire disparaître certains symptômes. Les cérémonies de Messmer commencent à prendre de l'ampleur. Un de ses élèves, le Marquis de Puy Ségur (1751-1825), va prendre la relève, s'éloignant des théories fluidistes de son maître. Il va reprendre sa pratique en enlevant beaucoup des artifices de Mesmer, afin d'essayer de faire reconnaître cette nouvelle discipline, très contestée par le corps médical de l'époque.

L'abbé Faria (1756-1819), un prêtre portugais venu s'installer à Paris, et lui-même élève du Marquis de Puy Ségur, contribue également énormément à l'évolution de cette nouvelle pratique au début du XIXe siècle, se détachant également des théories de Mesmer. Il est l'un des premiers à nommer cet état de conscience modifiée « sommeil lucide », à parler de suggestion, à mettre en avant le rôle de l'hypnose dans les maladies nerveuses et psychosomatiques, et à mettre en place ce que nous appelons aujourd'hui les « suggestions post-hypnotiques ».

Dans les années 1850, un médecin anglais du nom de James Braid (1795-1860) donne à cette pratique son nom définitif : HYPNOSE. James Braid assiste en 1841 à une démonstration de Mesmer, il se passionne immédiatement pour cette pratique et la développe à son tour. Il réfute totalement toute théorie de fluide ou de magnétisme, et se concentre sur l'action de la suggestion, et crée plusieurs techniques d'induction, notamment les inductions visuelles avec fixation d'un objet (pendule). Braid qualifie l'hypnose « d'état de sommeil nerveux » et fait beaucoup progresser l'hypnose moderne, notamment dans le domaine médical, où il effectue les premières opérations chirurgicales sous hypnose, pratiquant l'anesthésie dans des opérations lourdes (amputations entre autres). Malheureusement ou heureusement, ses travaux et nouvelles découvertes passent au second plan, car l'éther vient à la même époque révolutionner l'anesthésie chirurgie, d'abord aux États-Unis et peu après en Europe (1847 et 1851).

C'est à cette même époque qu'un magnétiseur écossais du nom de James Esdaile (1808-1859), pratique également des anesthésies chirurgicales sous hypnose. Il passe à la postérité avec l'état d'Esdaile, une anesthésie complète permettant des interventions lourdes.

À la fin du XIXᵉ siècle, l'hypnose a beaucoup moins la cote en France, mais grâce à J.M Charcot (1825-1893) et Ambroise-Auguste Liébeault (1823-1904), l'histoire avance. Ce n'est pas simplement l'opposition de deux hommes ou de deux écoles, mais bien de deux courants de pensée. Remettons les choses dans leur contexte : quand Charcot découvre l'hypnose en

1878, il est déjà très reconnu dans le monde médical, et son nom résonne bien au-delà de la communauté scientifique ; il a en effet permis des avancées considérables en neurologie, notamment dans sa spécialité, la Sclérose latérale amyotrophique. Celui qu'on surnomme le « César de La Salpetrière » règne en maître sur son service. Il suggère que l'hypnose est un état de névrose accessible seulement aux hystériques, théorie réfutée et contestée, mais qui marque sans doute fortement les esprits et contribue quelques années plus tard à mettre l'hypnose de côté en France pour de nombreuses années. De son côté, Antoine-Auguste Liébault , guérisseur fortement inspiré des magnétiseurs (discipline qu'il pratique toute sa vie), rencontre Hyppolite Bernheim (1840-1919), celui-ci venant à sa rencontre pour essayer de le démasquer, pensant avoir à faire à un charlatan. Cependant, impressionné par le travail de Liébault, il change d'avis, et tous deux se lient d'amitié et entament une collaboration. Ils vont tous deux, accompagnés également de Jules Liégeois et d'Henry Beaunis, créer « l'école de Nancy » ou « école de la suggestion ». Pour eux, l'hypnose s'explique par l'action de la suggestion. Ils sont en totale opposition avec la vision de Charcot, et les deux écoles se livrent une guerre idéologique devant toute l'Europe. Mais le nombre de personnalités que ces deux écoles réunies voient passer est énorme, d'Emile Coué à Freud en passant par Pavlov, et elles marquent durablement toute la psychologie du XXᵉ siècle.

Freud et l'hypnose : Sigmund Freud (1856-1939) est tout jeune lorsqu'il arrive comme élève à la Salpêtrière. Il a en effet 29 ans et se rapproche de Charcot en lui servant de traducteur du français à l'allemand pour ses livres et ses articles. C'est à cette occasion qu'il découvre l'hypnose, et même s'il abandonne cette pratique pour se concentrer sur l'élaboration de ses propres théories, il reconnaît en fin de carrière que l'hypnose a été d'une grande influence sur la psychanalyse : « On ne surestimera jamais trop l'importance de l'hypnotisme pour le développement de la psychanalyse. Au point de vue théorique et thérapeutique, la psychanalyse gère l'héritage qu'elle a reçu de l'hypnotisme » (*Kurzer Abriss der Psychanalyse*, 1923, G.W.).

Pierre Janet : Si *a priori* Pierre Janet (1859-1947) n'est pas le premier qui vient en tête quand on pense aux grands noms de l'hypnose, ce serait une erreur de ne pas considérer l'énorme héritage qu'a laissé derrière lui, l'un des plus brillants pensionnaires de la Salpêtrière. Charcot repère le jeune Janet alors qu'il n'a même pas 30 ans, à la suite de sa thèse sur l'automatisme psychologique, et lui confie la direction du laboratoire de psychologie de la Salpêtrière. Pierre Janet passe sa vie à développer ses concepts, et est un précurseur, notamment sur les syndromes post-traumatiques : ses travaux trouveront un écho plusieurs dizaines d'années plus tard aux États-Unis. Si nombre de ses théories se vérifient aujourd'hui, cela confirme qu'il est l'un des plus brillants représentants de « l'âge d'or » de la psychologie française, et il est également l'un des derniers à pratiquer et à expérimenter l'hypnose jusque dans les années 20, à une époque où l'hypnose est déjà retombée dans l'oubli au profit de la psychanalyse freudienne, qu'il critique d'ailleurs avec humour dans ses *Médications psychologiques* en 1919.

D'Erickson à nos jours :

Dave Elman : homme de scène, de radio, producteur, Dave Elman est, avec Milton Erickson, l'un des deux Américains à marquer durablement l'hypnose durant le XXᵉ siècle, notamment avec son livre *Hypnotherapy*. Il laisse à la postérité sa fameuse induction, portant son nom. On le surnomme « l'hypnotiseur le plus jeune et le plus rapide » il se prête à quelques spectacles, mais il est également connu pour avoir formé nombre de médecins et de thérapeutes. Il reste cependant, dans l'ombre de son contemporain, l'incontournable Milton Erickson.

Milton Erickson (1901- 1980) : une vie au service de l'hypnose. « Mister Hypnose » « Wizard of the Desert », voici quelques-uns des surnoms qu'on a donné à celui qui révolutionne durablement la pratique de l'hypnose, car il y a assurément à jamais, un avant et un après Erickson. Quiconque commence à s'intéresser à l'hypnose finira forcément par tomber rapidement sur l'hypnose éricksonienne, mais qui se cache derrière ce courant ? En quoi consiste exactement les subtilités de cette hypnose ?

C'est à 22 ans que le jeune Erickson, alors en 3e année de médecine, rencontre celui qui sera son professeur, Clark L. Hull. Ils collaborent quelques années, mais finissent par s'opposer sur la vision même de l'hypnose. Ce qui caractérise sans doute le plus Erickson, c'est sa volonté de s'éloigner des protocoles stricts présents jusque-là dans l'hypnose, protocoles qui excluaient forcément de fait toute une partie de la population, car trop rigides et trop directifs. La permissivité, si chère à Erickson, consiste non pas à être le leader de la relation hypnotiseur / hypnotisé, mais plus à adopter un rôle d'accompagnant, qui serait là pour aider la personne à faire émerger sa propre hypnose. Il applique le même état d'esprit à la thérapie, son but ultime étant de faire émerger les réponses et les solutions de la part du patient, pour s'assurer d'un changement pérenne. Erickson n'imposait rien, il questionnait, ou arrivait habilement à ses fins grâce aux nombreuses techniques de langage qu'il pouvait utiliser, comme le double lien notamment. Et c'est sans doute pour cela qu'il est finalement si difficile de décrire l'hypnose éricksonienne : Erickson pensait qu'il y avait non pas une hypnose, une façon de faire, mais une expérience différente pour chaque personne.

Il a pratiqué toute sa vie l'hypnose, aussi bien pour la thérapie que pour l'expérimentation de cette discipline, et il laisse derrière lui un travail expérimental et une réflexion énorme sur l'hypnose, dont la majorité est rassemblée dans les mythiques *Collected papers*, vraie mine de récits et d'expériences en tout genre sur l'hypnose, le tout compilé par Ernest Rossi, un de ses élèves. Si sur le principe, Erickson était farouchement opposé à l'hypnose de cabaret, il n'hésitait pas pour autant à exercer son talent devant un parterre de confrères à l'occasion de démonstrations ou de colloques.

LA PROGRAMMATION-NEURO-LINGUISTIQUE : C'est à Richard Bandler et John Grinder, deux élèves d'Erickson, que l'on doit la création de la « PNL » dans les années 70. Forts de leur expérience avec le grand maître, les deux collaborateurs imaginent un vaste système de communication, qui regroupe techniques d'hypnose, de psychothérapie et de marketing. Beaucoup d'autres personnalités viennent apporter leur contribution à cette discipline, notamment Robert Dills et sa pyramide des « niveaux logiques ». Si la PNL n'est pas à proprement parler de l'hypnose, elle s'en inspire fortement et beaucoup de ses techniques sont applicables sous hypnose, notamment les sous-modalités.

Aujourd'hui : paradoxalement, si le XXᵉ siècle a vu naître et exercer l'homme qui révolutionne l'hypnose, elle a connu beaucoup de périodes où elle est restée relativement confidentielle. Il faut attendre les années 2000 pour que l'hypnose, une fois de plus, revienne dans la lumière, en France comme dans le monde. Elle commence timidement à retrouver ses lettres de noblesse auprès du grand public, ainsi que du monde médical. Une nouvelle génération commence à s'intéresser à cette pratique, des centres de formation ouvrent, et l'hypnose commence à envahir les médias.

Si aujourd'hui, tout semble indiquer un retour en force de l'hypnose, ne vous y trompez pas, elle retombera à un moment ou à un autre dans l'oubli. Son histoire est faite ainsi, de hauts et de bas, de mises sous les projecteurs, puis de mises à la trappe. Cela dit, elle renaît à chaque fois, riche des nouvelles découvertes des passionnés qui ont à un moment croisé son chemin. En effet, l'hypnose est avant tout une affaire de passionnés, et elle ne laisse personne indifférent. Qu'on l'aime ou qu'on la déteste, elle provoque passions, polémiques, mais a pour mérite de susciter des réactions, aussi bien positives que négatives. L'hypnose de spectacle et l'hypnothérapie sont selon moi les deux faces d'une même pièce, indivisibles, et si elles sont à présent deux disciplines distinctes, la frontière reste parfois bien mince. (source : Wikipédia)

II. HYPNOSE ET SENS :

« Observer un coucher de soleil, c'est s'abandonner quelques instants à un état d'hypnose subjugué. » (Sonia LAHSAINI)

Avant d'entrer pleinement dans le vif du sujet, il me paraît important de définir quelques termes tels que l'hypnose, sens, conscience, inconscient, dans le but d'avoir les mêmes éléments de langage.

L'hypnose :

C'est un état passager de conscience modifiée, entre la veille et le sommeil, provoqué par la suggestion et dans lequel différents phénomènes peuvent apparaître à la suite des suggestions énoncées. Le sujet a alors une attention différente qui permet un accès facilité à la mémoire, aux émotions, aux comportements automatiques.

Pour Milton Erickson, l'hypnose est un état modifié de conscience dans lequel vous proposez à votre sujet une communication, avec une compréhension et des idées, afin de lui permettre d'utiliser cette nouvelle compréhension ainsi que ces idées à l'intérieur de son propre répertoire d'apprentissages. (Source : IFHE)

La conscience :
Appréhension par un sujet de ce qui se passe à l'intérieur et hors de lui-même. Cela se traduit par la capacité à porter des jugements moraux, à connaître le bien et le mal. Le conscient traite maximum 5 à 7 paramètres simultanément. Par exemple lorsque l'on apprend à rouler, il faut prendre conscience des panneaux, de la vitesse à laquelle on roule, s'il y a un piéton sur le passage clouté tout en prenant en compte les véhicules aux alentours. Cette attention soutenue, est très fatigante, puis dans cet exemple précis, progressivement il se met en place des automatismes, qui sont quant à eux enregistré au niveau de l'inconscient.

L'inconscient :
Même si à l'heure actuelle nous ne savons pas exactement où se situe l'inconscient, nous pouvons affirmer qu'un très grand nombre de choses proviennent de celui-ci et sont créées dans l'inconscient avant de parvenir à notre conscience. Il s'agit du siège des éléments vécus pendant notre enfance, des comportements qui nous sont devenus automatiques comme la marche, la lecture. C'est aussi le siège de nos émotions, mais il a également des fonctions de régulation, comme la respiration, les battements cardiaques, la température corporelle ainsi que la gestion de la plupart des hormones. L'inconscient est par définition tout ce qui échappe à la conscience. Il joue aussi son rôle de protecteur, car c'est lui qui nous donne notre instinct de survie, mais il peut aussi, pour notre confort, nous faire oublier des traumatismes passés.

La pratique de l'hypnose et la connaissance de la conscience et de l'inconscient m'ont aidé dans une situation très originale. Juste après la naissance de mon dernier garçon, j'ai dû aller la déclarer à la mairie. Pendant que je patientais sur un banc, il y avait une femme qui n'arrêtait pas de gesticuler dans tous les sens en ruminant sa colère à voix haute. Elle ne semblait pas être folle en soi car c'est la situation qu'elle venait tout juste de vivre qui lui faisait ruminer sa colère. Cette dame n'avait pas apprécié que le guichetier lui ait dit de repasser une fois son document correctement rempli. Pendant plus de 15 minutes, elle a répété en boucle les mêmes phrases. Lassé de la situation, j'ai décidé d'intervenir à ma manière : je l'ai interrompue quelques secondes en lui parlant d'abord normalement. Ensuite, constatant qu'elle était toujours en boucle, j'ai contourné les barrières de son conscient en utilisant une petite confusion mentale, puis je l'ai invité à imaginer quelque chose qui la détende, afin de relâcher sa colère. Moi qui demande toujours l'autorisation, cette fois j'ai jugé que ce n'était pas nécessaire. Cela a fonctionné, et tous ceux qui la jugeaient et s'agaçaient de l'entendre crier, m'ont regardé, curieux de ma méthode. La dame m'a alors chaleureusement remercié.

a. Les limites de l'hypnose :

Si Freud parlait de l'hypnose comme d'une énigme, il est vrai que cette technique, présente dans de très nombreuses civilisations depuis des siècles, suscite toujours l'enthousiasme de certains et la suspicion chez d'autres. Au-delà d'un phénomène de mode, il me semble que l'hypnose et plus précisément l'hypnothérapie sont bien ancrées dans les mœurs.

• Une efficacité scientifiquement prouvée.

Les progrès réalisés par la science en matière d'imagerie médicale ont permis d'observer l'activité du cerveau en état hypnotique et de constater les effets de la suggestion du thérapeute sur son patient. Une expérience a ainsi démontré que les zones corticales activées par les suggestions étaient identiques à celles mises en œuvre au cours de l'action : en d'autres termes, pour l'activité cérébrale, se concentrer sur un acte équivaut à le réaliser.

Cette démonstration explique notamment l'efficacité de l'hypnose dans le traitement de la douleur chronique : en suggérant au patient qu'il souffre moins, l'activité des zones corticales impliquées dans le traitement de la douleur diminue effectivement.

- Une porte vers l'inconscient

Cette possibilité représente sans doute le potentiel le plus important de l'hypnose, mais encore fallait-il la prouver. C'est ce que le chercheur en neuroscience clinique Amir Raz, de l'université de Columbia, a réalisé en 2005 en plaçant en état d'hypnose des patients soumis à l'expérience de l'effet Stroop.

Elle consiste à demander aux sujets de citer la couleur d'une série de mots désignant eux-mêmes des couleurs, les termes étant systématiquement écrit dans une teinte différente : par exemple, lorsque le sujet voit le mot « VERT » écrit en rouge, il doit répondre « rouge ». À l'état de conscience, il a été prouvé que les sujets parviennent à réaliser l'exercice mais nécessitent davantage de temps que dans le cas où le mot présenté n'est pas une couleur. Cette expérience prouve la primauté de l'acte de lecture, mécanisme intellectuel réflexe.

Amir Ratz a proposé le même protocole à des sujets placés auparavant en état hypnotique et auxquels il avait été suggéré que les termes présentés étaient sans signification. Leurs réponses ont été instantanées, déjouant ainsi l'effet Stroop, mécanisme pourtant impossible à supprimer en état de conscience. Il a donc prouvé que l'état hypnotique permet réellement d'accéder à un état différent de la conscience, autrement dit, à l'inconscient.

- Les limites psychologiques

Si l'hypnose permet d'accéder à l'inconscient, il ne le maîtrise pas pour autant. Et c'est bien l'une de ses plus flagrantes limites. Contrairement à certaines idées reçues, l'état hypnotique ne permet pas au thérapeute de contraindre le sujet à réaliser des actes contre sa volonté. Cette limite, bien qu'éthiquement valable, représente un frein. Il existe en effet certaines pathologies ou comportements qui répondent à un besoin profond de l'individu, besoin parfois inconscient et donc ignoré. Dans ces cas, le patient aura beau exprimer son souhait de changer ou de se débarrasser d'un symptôme, l'hypnose restera sans effet. Les troubles provenant de douleurs chroniques sont particulièrement enclins à répondre à ce genre de problématique. Les symptômes douloureux répondent parfois à des enjeux inconscients complexes que l'hypnose ne sera pas en mesure de résoudre.

Pour ma part je suis intimement convaincu que la qualité de la relation patient-hypnologue ou patient-hypnothérapeute est la clé de la réussite de vos séances. Si une des parties conscientes ou inconscientes de votre patient n'a pas confiance en vous, il vous sera difficile d'atteindre les objectifs que vous avez préalablement fixés ensemble. L'inverse étant tout aussi vrai : si une de vos parties conscientes ou inconscientes manque de confiance en vous, il vous sera difficile de mettre en place des séances de qualité. La confiance est primordiale dans la relation d'aide et d'accompagnement.

- Les croyances

Les croyances peuvent être un frein voire, parfois, une limite.

b. La vue :

Pour écrire ce chapitre, je suis au milieu de nulle part, dans une zone désertique proche de l'Algérie. Mon regard, ce matin s'est posé sur l'horizon, sur ce fabuleux lever de soleil que je prends plaisir à contempler. J'apprécie ce fond de tableau et regarde l'obscurité disparaître pour nous offrir au petit matin ses couleurs chatoyantes. Je suis persuadé que depuis que l'homme est homme il se régale de ce spectacle et en comprend toute la symbolique. Combien sommes-nous à avoir pris le temps de regarder au moins une fois le soleil se lever ? Probablement des milliards.

Son pouvoir immense, de permettre à la vie d'éclore et aussi de capter l'attention de tous, l'a fait considérer par de nombreux peuple comme un dieu. Fascinant, non ? Je pense que beaucoup d'entre vous peuvent me voir arriver à grands pas. Entrons dans le vif du sujet : la fascination. Cela peut paraître facile, mais cela demande plus de technique qu'il n'y paraît.

Pour ma part, c'est dans mon ADN, je demande toujours la permission, puis en quelques phrases je rassure la personne et lui dis ce que je vais mettre en place. Ensuite, sans forcer le trait, je me synchronise avec la personne ; j'adopte la même posture, le même mouvement corporel. Je souris légèrement : ce qui doit transpirer de moi c'est une grande confiance en soi. Tout est suggéré, et c'est bien cela que vous devez trouver, car il faut se dire que l'inconscient du patient voit tout. De ce fait vous devez incarner votre posture, être plutôt que paraître. Bien évidement il y a toujours des cas où ce n'est pas recommandé, comme lorsque la personne en face de vous est un peu mal à l'aise, qu'elle prend une posture sur la défensive, les bras, les jambes croisés par exemple, comme pour se protéger, faire barrière. La solution est alors de prendre la même position que le patient, de discuter avec celui-ci et de le rassurer, tout en faisant tomber vous aussi vos barrières, en délassant vos bras, vos jambes... Cette fois c'est le patient, une fois rassuré, qui se synchronise sur vous et vous dit au travers de son langage corporel « OK je suis prêt à vous suivre ».

Vous pouvez alors passez sur l'étape suivante le regard hypnotique :

Il est bien connu que nous ne sommes que des animaux : bien qu'évolués dans certains domaines, nous avons gardé ce même mode de fonctionnement qui veut que lorsque l'on regarde une personne dans les yeux, c'est soit par amour, soit pour l'intimider. Il existe une toute petite exception, pour les menteurs qui vous regardent dans les yeux pour que l'on ne décèle pas leurs intentions. Lorsque l'on discute avec quelqu'un, notre regard se pose légèrement au-dessus du nez, à la base de l'arrête nasale...

Avant de vous lancer dans la fascination, prévenez le patient que vous allez mettre vos mains sur ses épaules, pour plus de stabilité, dites-lui de maintenir son attention entre vos yeux au-dessus du nez. Placez-vous le corps normalement droit, détendu, calez votre respiration sur celle du patient placez votre visage à 15 à 20 cm du sien afin de plonger vos yeux dans ses yeux. Sans cligner des yeux, regardez fixement les siens. Lorsque vous sentez avec vos mains que le corps oscille légèrement, qu'il a du mal à maintenir l'attention, ouvrez votre regard, (le terme le plus juste serait de faire les gros yeux) : cela décuplera l'effet qui est en train de se produire, cela va le perdre dans ses pensées. Votre patient sentira son corps se détendre, ses yeux se fermer, tout ce que vous aviez énoncé avant de commencer et qui montre qu'il est en train d'entrer en transe.

Pour ma part, j'approfondis ensuite rapidement, avec une voix douce. Par exemple : « Vous continuez d'entrer de plus en plus dans une transe profondément agréable, en multipliant par deux cet état, et votre corps est deux fois plus détendu au mot « soleil » (c'est un exemple là encore). Dès que vous entendez ce mot, cet état devient deux fois plus profond et vous entrez deux fois plus en vous … tous vos sens se tournent vers l'intérieur de votre être, c'est un peu comme s'il y avait un soleil en vous qui vous aidait à mettre en lumière certaines choses que vous vivez, que vous expérimentez. C'est un soleil vital, qui vous apporte une douce chaleur, un soleil qui vous réconforte, et pendant qu'il vous apporte une belle et douce énergie positive, peut-être pourriez-vous continuer à vous faire ce geste en vous libérant de… grâce à quelques petites histoires qui vont suivre, que vous pouvez personnaliser en fonction de qui vous êtes…

Rappel des points clés :

- Faites un bon accueil au patient, souriez légèrement (on n'a pas confiance en un hypnothérapeute qui est sombre, déprimé, alors plutôt que de tricher, cultivez en vous le bonheur…)
- Faites une introduction préalable, annoncer ce qui va se passer au patient. NB : cette introduction n'est pas obligatoire, on peut faire une fascination sans, mais c'est une aide précieuse, et dans un cadre thérapeutique c'est une meilleure approche, plus respectueuse du patient.
- Lentement mais sûrement, faites tomber les barrières du patient, utilisez son langage corporel, imitez-le sans le singer… soyez le plus naturel possible (personnellement, cela se fait naturellement avec l'habitude).

- Demandez l'autorisation de poser vos mains sur ses épaules, pour plus de stabilité. Dites au patient de vous regarder et de se concentrer sur la base de votre arrête nasale, et que ses yeux vont se fermer tout seuls d'ici quelques instants.
- Souriez naturellement, ayez confiance en vous, faites votre regard hypnotique, dès que vous ressentez que vous avez prise, ouvrez votre regard.
- Approfondissez la transe, douce, rapide et rassurante (il faut que le patient ait envie de vous suivre).
- Faites la séance.
- Réveillez progressivement le patient, tout en douceur, étape par étape.

Pour moi un bon hypnothérapeute doit avant tout faire un travail sur lui, se connaître, comme dirait Socrate : « connais-toi toi-même ». Il est important de résoudre ses conflits internes, de trouver en soi la paix, car comme je l'ai écrit ci-dessus, l'inconscient voit tout, et c'est un lien de confiance que vous établissez avec le patient. Il est primordial de rester à une bonne distance, autant physique qu'émotionnelle. En effet, il peut se produire un transfert, une idéalisation du thérapeute vers le patient et inversement, et vous comprenez bien que moralement cela n'est pas acceptable, c'est la raison et votre éthique qui sont vos garde-fous.

Je me souviens parfaitement de ma première fascination. C'était à Nouméa, Julie, une amie, m'avait permis d'essayer. Ce soir-là, il faisait nuit, il devait être environ 20 heures, et c'est sous un réverbère aux couleurs orangées que j'ai commencé ma première fascination. Mon regard était fixe et Julie s'est laissée absorber par la profondeur de mes yeux. Son corps a cherché l'équilibre et j'ai rapidement compris qu'elle était en état d'hypnose. Ses yeux se sont fermés tout seuls comme pour mieux apprécier la transe qui s'installait, sans un mot. Lorsque j'ai senti que c'était le moment, je l'ai invitée à continuer cette séance vers un grand moment de bien-être. Il faut dire que Julie vivait à cette époque une période très stressante, qui l'empêchait d'être pleinement elle à mon sens. À mon grand regret, elle a été emportée par un cancer, rapidement pour ses 36 ans… Mais je garderai toujours en moi son image, son sourire et une énorme gratitude envers elle.

c. L'ouïe :

Hypnose : Coupons court, il y a qu'une hypnose et différentes manières de l'amener, et j'irais presque jusqu'à dire qu'il y a autant de façons que d'hypnothérapeutes ou d'écoles. C'est le patient qui en fonction de sa vision du monde, de son vécu sensoriel, s'approprie les suggestions et les transforme en autosuggestions. Par exemple, derrière le mot « agréable » nous ne concevons pas la même chose : ce qui est agréable pour moi sensoriellement parlant ne l'est peut-être pas pour vous.

La voix, et tout ce qui découle derrière (le contenu, la technique), est vraiment très importante en hypnose. Elle doit être rassurante, juste, posée avec un débit lent, calme, adapté. Parfois, il m'arrive d'accélérer ma voix lorsque j'installe avec le patient des changements, pour les mettre en action ; d'autres fois, je ralentis davantage mon débit pour laisser place à l'imaginaire, ou créer un suspense.

Inutile alors de crier pour se faire entendre : lorsque j'ai quelque chose d'important à dire ou une suggestion post hypnotique, je la murmure, afin que le patient vienne à moi et qu'il tende l'oreille, car cela est beaucoup plus agréable, pour lui comme pour moi. Il y a beaucoup de choses à mettre en place par l'écoute, notamment en matière d'ancrage, ou en post-suggestion (une suggestion qui prend effet après le réveil). Par exemple : « À chaque fois que tu entendras le bruit d'une porte qui claque, tu te sentiras totalement libre d'aller ou non vérifier si la porte est bien fermée. »

Cela me fait penser que, lorsque j'étais militaire, il y avait une jeune recrue qui avait de graves problèmes familiaux. Cela l'a perturbait énormément, au point de faire en pleine nuit une crise de tétanie. J'étais alors en train de discuter avec d'autres jeunes qui fumaient tranquillement leur cigarette en se remémorant ce qu'elles avaient appris durant la journée, quand tout à coup elle s'effondra. Je demandai alors aux collègues de me ramener une couverture, pour la protéger du froid, je fis les premiers gestes de secourisme, je lui pris la main en la caressant légèrement avec le pouce pour la rassurer, je lui parlai d'une voix douce, et je lui dis de me regarder dans les yeux que tout irait bien. Ce n'était pas vraiment de l'hypnose, on devait ne pas en être loin, mais j'ai bien posé ma voix, ai réussi à calmer ses tremblements et vu qu'elle me faisait confiance. Les secours ont alors pu la récupérer dans de bonnes conditions.

d. L'odorat :

Le pouvoir hypnotique des odeurs… Combien sommes-nous à presque tomber sous le charme d'un homme ou d'une femme qui sent vraiment très bon ? Et que dire des phéromones, qui sont perceptibles à un niveau inconscient, et qui nous envoient le message que le courant passe bien entre deux personnes… Tout cela relève du monde olfactif.

Il m'arrive, suivant le type de séance, de travailler sur les perceptions olfactives des patients, entre autres lorsque je dois mettre en place une séance d'aversion de la cigarette. Cela nécessite une certaine confiance du patient ainsi qu'un bon approfondissement. Le plus important, afin de bien ancrer le dégoût, est de le répéter et de l'amplifier plusieurs fois, puis de le tester lorsque le patient est sorti de transe, quitte à le replonger ensuite profondément en état d'hypnose. L'aversion au tabac est compliquée à installer dans le temps, il faut la mettre en place en agissant sur l'odeur et le goût de la cigarette, auxquels j'associe fréquemment l'image et les gestes, et je saupoudre de quelques post-suggestions pour travailler dans la globalité.

Saviez-vous que notre capacité à récupérer les informations de nos sens varie suivant notre environnement ? Lorsque l'on est dans un avion, l'altitude, la pression et l'humidité varient, et cela a tendance à rendre les plats moins savoureux, car on ressent beaucoup moins le sucre et le sel.

e. Le toucher :

Au risque de vous surprendre, je commencerai cette partie par vous parler de massage, plus précisément du pouvoir de ceux-ci, de leur capacité à nous faire voyager, pour peu que le cadre soit magnifique, ou qu'il y ait une petite musique d'ambiance, un parfum dans l'air. Sans rien imposer, juste en suggérant, je suis persuadé que le massage est une porte vers l'intérieur de soi, tout comme le simple toucher.

D'ailleurs c'est aussi le toucher qui est utilisé par certains pickpocket pour vous subtiliser votre montre ou autre chose : pendant que votre conscient est concentré sur la première zone touchée, de l'autre main (ou avec un complice) il vous détrousse gentiment. Je ne vous rappellerai pas que le conscient traite 4 à 7 informations simultanément.

Lorsque l'on touche une personne, le cerveau analyse et interprète la sensation, si c'est agréable, douloureux… Le fait de toucher, d'effectuer une légère pression au niveau du bras ou de l'épaule, est perçu comme un geste amical, catégorisé à un niveau inconscient comme quelque chose de positif, ce qui va favoriser la sécrétion d'ocytocine et de sérotonine.

Mais venons-en à ce qui vous intéresse, ce qu'il est possible de faire. En état d'hypnose il vous sera possible de déclencher des sensations, des commandes au travers de gestes, je m'explique :

Je touche l'épaule droite du patient et je lui suggère la commande suivante : « à chaque fois que toucherai votre épaule droite comme cela et que je dirai les mots « hypnose » et « sommeil », vous entrerez profondément en transe ; dès que je dirai les mots « hypnose » et « sommeil » vous glisserez très rapidement dans cet état d'hypnose dans lequel vous êtes. »

Je vous conseille d'ancrer aussi un mot pour sortir rapidement le patient de sa transe, ou pour désactiver votre ancre.

f. Le goût :

Une des références lorsque l'on parle du pouvoir hypnotique du goût, de sa capacité à nous faire voyager, est la Madeleine de Proust. Un jour, en mangeant une madeleine délicatement trempée dans une tasse de thé, en plus d'un immense plaisir, cela fit ressurgir en lui des souvenirs, et des sensations de son enfance. Il y a vraiment matière à faire en termes de goût, beaucoup de praticiens et maîtres praticiens en hypnose, dans le cas d'un sevrage tabagique, utilisent une méthode dite aversive et installent un profond dégoût du tabac, mais l'inverse est tout à fait possible.

Dans le cadre d'un régime alimentaire il est aussi intéressant d'apporter des suggestions à votre patient, qui vont lui permettre de prendre du plaisir à manger, à apprécier la saveur des légumes, de prendre le temps de la mastication, de faire de chaque bouchée un moment délicieux…

Petit aparté : J'ai toujours suivi le fil de ma personnalité, je suis quelqu'un qui s'investit au profit des autres, prodigue des conseils. Mais il m'est arrivé tant de choses dans ma vie : j'ai été aveugle 3 jours à la suite d'une kérato-conjonctivite, j'ai eu une fois un incident cardiaque, j'ai sauvé une personne de la noyade, j'ai vécu des choses positives comme des choses beaucoup plus dures… Comme ce 8 février 2012, où il y a eu un accident sur la route : un camion a percuté un véhicule léger sur la bande d'arrêt d'urgence. Dans la voiture, il y avait une jeune femme de 24 ans, de mémoire, maman d'une petite fille, et un ami. Nous avons entendu un bruit, mes collègues militaires et moi nous avons traversé l'autoroute pour nous rendre de l'autre côté, et porter secours aux blessés. Avec un ami, j'ai extrait le corps de la personne, en même temps donné les ordres pour sécuriser la zone et appeler les secours, fait un massage cardiaque et un bouche à bouche. Ce jour-là, nous avons sauvé beaucoup de personnes, mais cette jeune femme est morte sous mes yeux, sous ma bouche, ma main sur son corps. Tous mes sens ont été touchés ce jour-là. J'en ai parlé avec les médecins cela m'a fait du bien. Tout allait bien jusqu'à ce qu'un jour je me retrouve dans la même situation, devant un véhicule sur le toit, avec du sang et des débris de verre partout, mais cette fois-là, nous avons sauvé la jeune femme.

Je suis alors rentré chez moi, j'étais très calme extérieurement, mais en colère intérieurement. Pendant la soirée football que j'ai passée avec mon fils, au bout de quelques verres à peine, je me suis mis à pleurer, caché derrière le frigo. Je revivais la scène en disant « je l'ai tué, je l'ai tué... ». J'ai pris le volant pour rentrer à la maison, mon fils sur le siège passager avant et je lui ai dit : « Tu sais, dans la vie on ne fait pas tout ce que l'on veut, on fait ce que l'on peut ». Un soir de pluie, nous avons percuté un arbre de plein fouet, heureusement à 50 km / h... J'ai déclenché par la suite des crises d'angoisses et des épisodes de re vivance régulièrement, et de plus en plus rapprochés pendant deux ans. J'ai consulté des psychologues, et c'est l'hypnose qui m'a permis de sortir au bout d'un mois de ces crises d'angoisses. Pour le reste, j'ai dû effectuer un travail de deuil, de pardon, prendre contact avec la famille de la défunte. Qui plus est, le fait que ce soit une maman et que son corps en porte les stigmates m'a fait faire un petit transfert : une pensée m'a traversé l'esprit, j'ai songé que ç'aurait pu être ma femme, là, qui était en train de mourir...

Pour me soigner, j'ai dû considérer que ce jour-là j'étais moi aussi mort, et qu'il ne me restait qu'une seule chose à faire : vivre et honorer la vie. Au travers de ce livre, ce n'est pas ma thérapie que je fais, mais si cet ouvrage s'appelle *Hypnose et humanité*, c'est aussi en son nom car je suis maintenant plus humain et vivant que jamais, et c'est ce lâcher-prise, cet amour de la vie, cette joie que je partage et essaye de transmettre.

NB : vous n'êtes pas obligés de vivre les mêmes choses que moi pour être heureux...

L'inconscient enregistre tellement de choses, parfois à notre insu, que finalement je me dis qu'il vaut mieux vivre et écrire une belle histoire, vivre le plus de bons moments possibles, et même si, de temps en temps, il peut y avoir des ratures, des choses à effacer, à ajouter, à réécrire, notre humanité réside en cela, en l'acceptation que ce ne sera jamais parfait mais qu'on aura fait de notre mieux. Chercher à être la meilleure version de soi est le plus important, c'est la direction à suivre... le reste n'est qu'une question de temps.

g. Les souvenirs agréables

Les souvenirs agréables sont une belle porte qui mène à la mémoire épisodique. La douceur pour abaisser ou contourner les barrières crée une introspection, et amène à regarder en soi, à plonger en soi...

Une introspection fait alors appel à tous les sens, on peut voir des images passées, ressentir d'anciennes sensations, entendre des mots qui ont été dit auparavant...

L'utilisation des souvenirs agréables lors d'une induction hypnotique permet d'installer un vrai moment de bien-être avec le patient, de continuer l'installation de ce climat de confiance. Il appréciera d'autant plus le fait que vous preniez soin de lui, en lui offrant la possibilité de vivre un merveilleux moment, ce qui aura pour effet, pour les sceptiques, de prouver que vous pouvez les amener dans un état de transe, et dans un second temps d'abaisser leurs défenses, leurs blocages inconscients, pour mettre en place par la suite une vraie séance de qualité.

Je porte à votre attention que parfois le patient peut créer des faux souvenirs, mais qu'il n'y a qu'une réalité qui compte, celle du patient. Je vous déconseille vivement de modifier un souvenir, et de ne faire que pour les plus expérimentés et seulement avec l'accord du patient, il est possible dans le cas de traumatismes psychiques d'en diminuer l'impact émotionnel afin de faciliter le processus de résilience. J'aime beaucoup ce dicton qui dit que « science sans conscience n'est que ruine de l'âme... ».

h. La magie d'imaginer

J'ai toujours dit qu'imaginer est le début de pouvoir, mais il est aussi, en tant qu'hypnologue, notre pouvoir. En effet, si l'on décompose le mot « imaginer », cela signifie « mettre en images », faire naître des images à l'intérieur du patient.

Le fait d'utiliser l'imagination permet de contourner facilement les barrières conscientes du patient, mais cela a également un formidable pouvoir créateur.

Le cerveau considère pour vrai tout ce qu'il peut imaginer, cela sous-entend qu'il est impératif d'utiliser le temps présent. Ainsi, par exemple, on ne dira pas « imaginez-vous dans six mois, lorsque vous serez parfaitement libéré du tabac », mais plutôt « peut-être pouvez-vous vous imaginez six mois plus tard, vous êtes libéré définitivement du tabac ».

i. La puissance des métaphores

Je me souviens que lorsque j'étais enfant, ma maman me racontait des histoires, et ce n'est qu'à l'âge adulte que j'en ai compris toute la portée. Le fait de lire à une personne des histoires stimule son imaginaire : la personne met en images dans son cerveau cette histoire, et en retient une partie, qui lui servira de repère dans le futur. Chez les enfants entre 0 et 7 ans qui sont beaucoup plus dans l'expression de leur inconscient, la couche supérieure du cerveau n'est pas complètement développée, c'est pourquoi ils ont une attention très limitée ainsi qu'une excellente mémoire.

L'intérêt des métaphores après une induction est d'apporter une solution au patient en fonction de sa situation, de ce qu'il vit. D'où l'importance de construire des métaphores isomorphiques, de petites histoires où le personnage principal aura vécu une situation similaire (mais pas identique) à celle du patient, et amener ce personnage à trouver une solution à son problème, pour que le patient puisse lui aussi y parvenir.

j.   La CLHé de la boite à secret

La méthode CLHé :

Je pense que le fait d'avoir côtoyé de nombreuses personnes provenant de toute la France, avec des personnalités très diverses, d'avoir beaucoup voyagé au-delà de nos frontières, d'avoir rencontré des personnes d'origines, de cultures, de langues différentes, est une réelle plus-value, une force, qui m'a fait comprendre qu'il était important de respecter le caractère unique de chacun, de ne pas imposer notre vision, de ne pas standardiser, mais plutôt de laisser l'opportunité à chacun de trouver sa voie, de prendre en fonction de son vécu ce qu'il a besoin de prendre… Le fait d'imposer a souvent pour conséquence un refus, et qui sommes-nous pour imposer quoi que ce soit au patient ?

Je ne vais pas réinventer l'hypnose, mais je sais que certains arguments ont résonné et raisonné en moi. Avec le temps, j'ai adapté l'hypnose, la relation d'aide et d'accompagnement que je lui associe à ma façon. Il faut que ce soit moi derrière chacun de mes mots, chacune de mes pensées. Je décompose l'hypnose au plus petit dénominateur commun comme un scientifique, c'est-à-dire au plus petit élément que l'on a en commun. Je cherche toujours à associer l'efficacité à la technique, tout en faisant de sorte que chacun de mes textes semble dépourvu de technique, en adoptant un style fluide, détendu, et en trouvant des exemples de métaphores communes à tous, qui me ressemblent, proches de la nature.

Une séance se décompose de la manière suivante :

Une séance dure à peu près 1 h, pour moi un bon hypnothérapeute ne regarde jamais sa montre pendant la séance, il est un peu comme dans une bulle hypnotique, pour créer une relation propice à des changements inconscients. On peut la faire uniquement avec notre voix, ou avec un fond léger de musique de relaxation.

Accueil : durant la phase d'accueil il est important de respecter les fondamentaux de la vie en collectivité tels que le sourire, la politesse, la courtoisie. Vous devez dès le départ vous adapter à votre patient en le regardant avec franchise, en écoutant attentivement l'intonation de sa voix, le débit avec lequel il s'exprime… Mais vous pouvez aussi le regarder dans sa globalité, en évaluant la posture de son corps, la direction de son regard. Tous les petits mouvements inconscients qu'il aura sont autant d'indices qui peuvent vous servir durant la séance.

Entretien rapide et calibration : un entretien de 5 minutes, pendant lequel on demande à la personne sur quoi elle désire travailler.

Durant cette phase, je prends des notes avec des mots clés du patient que je peux réutiliser (pour personnaliser la séance, et pour qu'il se sente réellement pris en compte, écouté), je note aussi l'idée de la séance que je vais mettre en place. Je ne sais jamais à l'avance quelle sera la séance que je vais mettre en place, c'est vraiment en fonction de mon ressenti et du retour que me fait le patient. Même si je comprends au début que l'on utilise des séances toutes faites… je suis passé par là ! Mais le caractère unique de chaque personne nécessite une prise en compte unique, individuelle et personnalisée. Parfois, pendant l'entretien il m'arrive de dessiner ce que je vais mettre en place : un dessin est parfois plus explicite.

La calibration : Calibrer, c'est observer, percevoir et surtout reconnaître chez un patient les indicateurs externes concrets, visibles et audibles d'un état interne précédemment observé. Il s'agit des indices qui nous informent du mode de fonctionnement et de la façon dont la personne s'exprime, communique.

Ainsi, en hypnose, grâce à la calibration, l'hypnothérapeute pourra percevoir, identifier l'état interne que le patient vit, expérimente, ainsi que comprendre la façon dont le patient s'exprime, en vue de s'adapter à son mode de fonctionnement.

Il est important de rassurer le patient, de lui expliquer dans les grandes lignes comment va se passer la séance, de lui dire qu'il va entrer dans un état très confortable d'hypnose (donc là, vous le conditionnez à entrer en transe, en lui annonçant que cela va être agréable), qu'il va rester différemment conscient et entendre tout ce qu'il se passera, mais qu'il est possible qu'il ne se souvienne pas de toute la séance et qu'il perde la notion du temps.

Vous pouvez le préparer aux différentes sensations qu'il va ressentir, par exemple le corps qui s'alourdit, un grand bien-être, des mouvements oculaires rapides une fois les yeux fermés, et que cela est juste le signe d'un travail important (d'où les contre-indications pour tous les épileptiques).

Juste avant de commencer la séance, vous pouvez inviter le patient à s'installer dans un siège confortable prévu à cet effet, choisissez le suffisamment confortable de sorte que la tête soit maintenue, il peut être intéressant d'avoir aussi une petite laine ou un plaid très doux, car du fait de l'inactivité la température du corps diminue légèrement. De plus je préviens la personne à l'avance si je suis susceptible de lui toucher le bras, l'avant-bras, la tête afin qu'elle ne soit pas surprise.

Mise en transe : il y a plusieurs façons de mettre en transe une personne, nous le ferons par la voix, en utilisant des techniques que je vous présenterai par la suite telles que le de double lien, les truismes, le yes set. Durant cette partie le but est de faire basculer le conscient d'acteur à spectateur, et inversement pour l'inconscient. Plus vous allez perdre le conscient, plus les portes de l'inconscient du sujet vous seront ouvertes. Vous devez créer une vraie bulle de proximité, un espace commun de travail. Puis, avec une voix monocorde, et une fois mis en synchronisation avec le patient, vous induisez la transe, et votre débit doit être lent et régulier. Avant une séance, je pense toujours à des éléments positifs de ma vie pour me préparer, car notre état d'esprit est aussi très très important.

Métaphore : on raconte 3 à 4 histoires avec un message caché sur le thème pour lequel la personne est présente. Pour cette partie, au début il peut être intéressant d'avoir une bibliothèque de métaphores sur des sujets divers et variés. Je créé des métaphores personnalisées pour les deuxièmes, troisièmes séances. Ma première séance est en général une séance que je qualifierais de patch : je vais au plus urgent. Lors de la deuxième séance, j'effectue un travail sur les causes, avec des métaphores personnalisées contenant la solution symbolique, et la troisième séance vient confirmer ce qui a été mis en place ou pour procéder aux derniers ajustements. J'ai très rarement fait plus de trois séances sur la même personne dans la même période, et je vous le déconseille fortement : l'idée n'est pas de créer une dépendance mais bien d'accompagner le patient vers un changement.

Travail sous hypnose : Il peut m'arriver d'associer en plus des actions à faire sous hypnose, en mouvement, en marchant, avec les yeux ouverts ou fermés pour les phobies par exemple. Par la suite vous pouvez tout à fait continuer la séance debout ou faire s'asseoir la personne, le tout est de la prévenir de ce que vous allez faire.

Suggestions positives : on émet des suggestions positives et on fait visualiser au patient son objectif pleinement réalisé d'ici quelque temps (car tout ce que l'esprit peut visualiser tend à se réaliser).

Post-suggestion : j'émets fréquemment des post-suggestions, des suggestions directes qui auront un effet dès la fin de cette séance. Exemple : à partir de maintenant, le chocolat c'est terminé.

Réveil : la sortie de transe doit se faire de manière progressive, tout en douceur

Laissez le patient retrouver ses esprits puis procédez avec lui à un petit échange rétrospectif, un feedback : posez-lui quelques questions pour voir ce dont il se souvient, ce qu'il a ressenti, vu, afin de vous faire une première idée sur ce qui a marché et de prendre quelques notes si nécessaire en vue d'une métaphore à utiliser lors de la prochaine séance.

III.   Les séances :

Consignes d'utilisation :

Les séances ci-dessous ont une ponctuation particulière qui permet de donner un rythme à la séance, pour permettre à l'inconscient de bien visualiser, de bien imaginer, ou c'est parfois un espace nécessaire à un travail de la partie inconsciente du patient, vous trouverez de nombreuses fois des petits points de cette forme … chaque point représente une seconde de silence…

Le langage de l'inconscient étant très spécifique, il se peut que les puristes du français soient un peu étonnés par mon style d'écriture, mais sachez que cela est volontaire de ma part.

Séance d'hypnose pour se mettre au sport :

Utilisation :

Séance d'hypnose pour choisir et se motiver à la pratique d'un sport régulier, en agissant sur l'envie, la détermination et le côté positif.

Installez le patient confortablement, de préférence allongé, et si nécessaire avec une couverture car la température du corps diminue légèrement du fait de l'inactivité.

Invitez-le à se détendre en respirant calmement, et lorsqu'il se sent prêt à commencer la séance, proposez-lui de vous faire un petit geste.

Voici ce que vous pouvez dire pour mener la séance :

Je ne sais pas si vous êtes déjà entré(e) en transe auparavant, mais chaque personne entre en état d'hypnose à sa façon, à son rythme. L'un des points clés est la respiration, donc prenez quelques instants simplement pour vous détendre et respirer calmement.

Juste avant d'entrer dans une transe profondément agréable, je vous invite à garder les yeux ouverts quelques instants et vous concentrer sur votre respiration, une respiration qui se calme de plus en plus, une respiration qui détend le corps, inspirez calmement et expirez lentement. Inspirez calmement, et laissez chaque inspiration vous remplir de légèreté. Expirez lentement et laissez chaque expiration vous libérer, vous libérer de la tension dans le corps, dans l'esprit, vous libérer peut-être de douleurs, tant et si bien qu'il devient de plus en plus agréable de prendre plaisir à respirer. Vous pouvez simplement vous autoriser un magnifique moment de légèreté ? de bonheur tout simple, rien qu'en laissant chaque respiration détendre de plus en plus vos muscles et enlever toutes les tensions de votre corps.

Inspirez lentement, tranquillement, et expirez profondément. Laissez disparaître chaque tension dans votre corps et dans votre esprit. Prenez cette liberté de rendre chaque respiration un peu plus profonde, comme pour mieux vous préparer à entrer d'ici quelques instants dans votre monde inconscient, là où les pensées sont pensées avant même d'être pensées, là où il est vous est possible de panser des pensées ou des émotions…

Et dès à présent, je vous invite à ne pas fermer les yeux maintenant, mais juste à attendre qu'ils se ferment tout seuls, lorsque votre inconscient commencera à entrer profondément en transe, d'ici quelques secondes.

Il paraît qu'en escalade, pour prendre de la hauteur, il faut saisir des prises. Moi, c'est un peu l'inverse que je vous propose : pour plonger en vous et prendre de la hauteur, il vous faudra lâcher prise. Pour cela, rien de plus simple : autorisez votre regard à se poser sur un point de votre choix, observez ce point avec attention, faites comme si ce point était votre centre d'intérêt, la chose la plus intéressante pour vous en ce moment, imaginez que ce point est la porte qui mène à votre monde intérieur… Et plus vous regardez ce point, plus cette porte s'ouvre pour vous permettre d'entrer en vous, et plus vous entrez en vous, plus vos paupières se ferment alors que votre corps se détend. C'est un peu comme si vous étiez allongé sur un petit nuage, et que vous appréciez toute cette légèreté qui s'installe. Imaginez un petit nuage blanc, comme dans les rêves adultes et d'enfants. Ce petit nuage blanc porté par le vent et par les mots, très doux, qui vous transporte beaucoup plus haut que le chant des oiseaux, car j'ai toujours pensé que c'est la légèreté qui nous sauve, vous le savez… Il est si bon de prendre du temps pour soi, d'explorer à l'intérieur de soi, pour y faire ce qu'on a à y faire. Et comme je le dis souvent, tout ce que l'on vit à l'intérieur s'exprime à l'extérieur. Alors c'est tout naturellement que je vous invite à vous rendre encore plus beau ou belle à l'intérieur que vous ne l'êtes déjà, à prendre soin de vous, pour vivre dans le bonheur.

On dit que tous les chemins mènent à Rome, et comme vous le savez il y a plusieurs voies. Il y a la voie que l'on entend et celle que l'on attend, la voie que l'on voit et celle que l'on revoit, et l'on a beau avoir à voir et tendre à entendre, notre plus belle voie est celle que l'on possède à l'intérieur, et c'est bien celle-ci qui va vous accompagner sur la voie du changement. Et peu importe, peu m'importe, dès lors que vos paupières seront fermées, si c'est ma voix, ou mes mots, qui vous accompagnent profondément loin dans votre monde inconscient.

Et tandis que vous m'entendez, que tout votre corps se détend, que chaque expiration retire toutes les tensions accumulées, une partie de vous, peut-être les deux, peuvent être curieuses de constater que vous allez profondément entrer en transe maintenant ou d'ici quelques instants, lorsque vos paupières seront lourdes et se fermeront naturellement, ce qui vous permettra de glisser dans une transe moyennement profonde en vous.

Dès lors que vos yeux se fermeront involontairement, vous pourrez surfer sur une grande vague de détente et de bien-être dans tout votre corps… Savez-vous si cette grande vague de détente va vous parcourir maintenant ou puissamment d'ici quelques instants ? En effet, vous pouvez dès à présent laisser cette agréable sensation puissante de faible pesanteur s'installer toujours plus dans tout votre corps, à chaque expiration. Progressivement, vous permettez à tous les muscles de votre corps de se relâcher. Et plus les muscles se relâchent, plus le corps se pose et se repose, et plus le corps se pose, plus l'esprit léger se régale de ce moment si plaisant.

Intéressez-vous à toutes les sensations agréables dans votre corps, appréciez cette grande énergie vitale qui circule, cette énergie positive, cette sensation de bien-être qui grandit de plus en plus. Ressentez à quel point cela devient de plus en plus agréable, agréable dans le corps et dans l'esprit. Peut-être pourriez-vous imaginer que, progressivement, tous vos sens se tournent encore plus vers l'intérieur de votre être, comme pour mieux ressentir ce qu'il se passe dans le corps, mieux voir ce qu'il se passe en soi, mieux entendre cette voix en soi.

Alors qu'une partie de vous vous souffle les mots qui vont permettre de gonfler la voile de votre motivation, imaginez cette voile qui se remplit de mots qui vous motivent, de mots bienveillants, de mots bien vaillants même si l'on a parfois besoin de motifs pour se motiver et se dire « j'y vais » ... Laissez dès à présent votre motivation, vos motifs d'actions vous permettre de prendre soin de vous, en faisant régulièrement du sport...

Prenez la liberté de ressentir pleinement dans le corps cette puissante énergie qui circule en vous, alors que dans le même temps cette motivation grandit déjà en vous. Ressentez ce lien corps / esprit, quand le corps et l'esprit conscient et inconscient s'associent dans la même direction et que cela devient le point de départ d'un autre comportement...

En effet, la course de relais ou le passage de témoin est terminé. Il s'agit bien pour le conscient et l'inconscient de former une équipe avec votre corps afin de vous apporter du bien-être, de la sérénité, être en bonne santé mais aussi des résultats pour certains, de trouver un équilibre dont la détermination, la joie et la positivité transpirent à chaque instant.... Mais avant d'améliorer ce magnifique trio, il vous faudra savoir répondre consciemment ou inconsciemment à une question, car on a tous de l'esprit, tout comme on est tous conscient et inconscient : savez-vous qui, de votre conscience ou de votre inconscient, va inconsciemment travailler avec cette séance alors que votre esprit et votre corps s'allègent de plus en plus à chaque inspiration ?

Cela doit être plaisant de faire du sport, de se sentir bien dans son corps et dans sa tête, de se rendre compte que l'on est aussi beau intérieurement qu'extérieurement... Vous savez, il est si bon de céder pour pouvoir s'aider. Tout le monde a un inconscient, et cet inconscient a beaucoup de façons de rendre service à l'esprit conscient. Il peut lui présenter des souvenirs agréables, ou lui donner de nouveaux points de vue sur des problèmes anciens, ou bien encore lui réserver la joie d'expériences nouvelles, totalement inédites, et vous pouvez prendre plaisir à attendre la bonne surprise que votre inconscient prépare à présent pour votre esprit conscient.

Alors que vous êtes là, que vous entendez ma voix, que votre respiration est calme, vous ressentez de plus en plus cette sensation de flottement, de légèreté et d'énergie positive qui circule dans le corps et de plus en plus dans votre esprit, une partie de vous est de plus en plus inconsciemment consciente que votre motivation grandit, tout comme votre envie de pratiquer un ou plusieurs sports régulièrement.

Bien évidement vous n'allez pas entrer deux fois plus profondément dans cet état de transe maintenant, mais vous pouvez multiplier toutes les sensations de détente par deux à chaque fois que vous entendrez le mot « amour ». En effet, plus vous entendez le mot « amour », plus votre corps se détend, et plus votre corps se détend plus vous entrez deux fois plus profondément en transe… Plus vous entrez profondément en transe, plus votre corps se détend.

Je vous tends un peu la perche, mais c'est bien l'amour qui permet de surmonter tous les obstacles, l'amour de soi, l'amour que l'on donne à notre famille, à nos amis. C'est aussi l'amour et la passion que l'on met à faire des choses qui nous intéressent, nous plaisent. Et si finalement l'amour est comme l'univers, on n'a une vague idée sur son origine, mais il y a comme une étincelle à l'intérieur de nous qui va entraîner beaucoup de réactions en chaîne, ainsi il est toujours en expansion. En plus de se susciter en nous le rêve, l'amour trouve toujours une forme d'équilibre.

Alors je me dis que simplement vous trouverez dans quelques-uns de mes mots suffisamment d'amour pour qu'ils soient votre étincelle, qui allumera la flamme en vous pour vous donner l'envie de pratiquer du sport, de prendre soin de vous, de votre santé, d'y trouver du plaisir et plus que du bien-être : un épanouissement.

C'est très respectueusement que je vous invite à vous imaginer en train d'ouvrir les volets de votre cœur et de bousculer vos anciennes habitudes, car comme vous le savez qui veut, peut, et qui mieux que vous peut le faire pour vous... Certains choix sont rudes bien évidemment, mais pensez aussi à cette fierté, à cette satisfaction de vous surprendre à sourire en vous disant « je l'ai fait ». Malgré une foule de doutes qui dansaient en vous, cette fierté de vous dire « j'ai réussi » ...

Déjà quelque part la balle est dans votre camp, et je souhaite du plus profond de mon âme que ces quelques authentiques histoires vous marquent suffisamment et vous aide à vivre en bonne santé.

On pourrait penser que je fais du hors-piste, ou que je patine et pourtant, je connais une quantité d'histoires où des connaissances se sont transformées, par exemple Khadîdja, une amie dont j'étais le chef d'équipe. Tout le monde la regardait parce qu'elle avait beaucoup de poids localisé sur les fesses et les hanches. Certains l'appelaient même « Orangina ». Elle ne savait pas nager, elle manquait d'endurance... Un jour, je lui ai dit : « Si tu es mauvaise, pourquoi ne t'entraînes-tu pas après les heures de travail ? Il y a une piste d'athlétisme à quelques mètres et la piscine est à moins de 2 minutes. Qu'est-ce qui te retient, tu ne sais plus où sont rangées tes baskets ? Moi je pense qu'il te manque le déclic, et un peu de volonté. »

Vous savez, cette femme m'a impressionné, non seulement elle a appris à nager, mais aussi à courir, et elle est devenue la première féminine en course à pied de mon ancien régiment...

Je ne pense pas qu'on soit toujours obligé de changer dans la souffrance, ou à la suite à de blessures, je suis intimement persuadé que n'importe quelle personne qui peut se déplacer peut réussir : il y a bien des personnes sans bras ni jambes qui traversent la Manche ! Vous pouvez bien prendre soin de vous en faisant régulièrement un peu de sport.

Mais avant de vous mettre au sport, prenons le temps de faire une petite balade ensemble… Une balade le long d'un sentier à proximité d'une rivière. Prenez la liberté d'imaginer un magnifique sentier, dans un très bel endroit dans la nature, sur lequel vous vous promenez. Permettez-vous de tout voir, de tout ressentir, de tout entendre dans ce bel endroit. Il y a probablement des sons comme le chant des oiseaux, le bruit de la rivière, et même du vent qui s'amuse par cette agréable température à caresser délicatement votre peau et à faire frémir les feuilles des arbres. Vivez pleinement cet instant, de tous vos sens. Surprenez-vous à vous émerveiller, à apprécier les jeux de lumière. Remontez le sentier le long de cette rivière, et dès à présent, plus vous remontez le long de cette rivière, plus vous remontez inconsciemment à cet endroit à l'intérieur de vous, là où se créent les émotions. Faites cela au-delà des métaphores, faites cela à un niveau inconscient. Une partie de vous sait parfaitement où est la source, le fondement de vos émotions. Continuez d'avancer jusqu'à la source de cette rivière, afin de voir un magnifique lac dans un sublime endroit dans la nature. Dès que vous avez remonté la source, vous pouvez vous visualiser au bord du lac de vos émotions. Prenez une pierre de taille moyenne, puis un marqueur dans votre poche. Écrivez sur cette pierre le mot « joie », déposez la pierre dans le lac de vos émotions, ressentez la joie qui se manifeste dans votre corps, cette joie qui grandit en vous, et qui va vous accompagner maintenant partout. Prenez une deuxième pierre de la taille nécessaire afin d'écrire le mot « amour ». Cela peut être une très grosse pierre, car dans cet endroit votre force est décuplée. Inscrivez au marqueur le mot

« amour », puis placez la pierre dans le lac de vos émotions. Ressentez tout cet amour qui vous parcourt en ce moment, ressentez à quel point cela est agréable et fait du bien, appréciez ce moment à sa juste valeur.

Recherchez en vous le lac de vos apprentissages, l'endroit à l'intérieur de vous où est stocké tout ce que vous avez appris, mais aussi là où sont vos qualités. Recherchez cet endroit au-delà de la métaphore, et remontons ensemble à la source de vos qualités et de vos apprentissages. Reprenons le sentier, et dès à présent plus nous avançons, plus vous mobilisez en vous toutes vos qualités et apprentissages afin que certains vous servent dès votre réveil. Avancez, appréciez le cadre magnifique dans la nature, la température, les animaux, la nature verte pleine de vie. Avancez, et dès que vous êtes au lac de vos qualités et de vos apprentissages, prenez une pierre de votre choix et inscrivez sur cette pierre le mot « détermination ». Mettez toute votre détermination à un niveau inconscient, faites bien cela au-delà de la métaphore. Allez-y… Dès que cela est fait, mettez celle-ci dans le lac de vos apprentissages, et ressentez votre détermination grandir en vous. Permettez à cette qualité de se développer en vous, ressentez bien comment cela change en vous, dans vos pensées, dans votre comportement… À partir de maintenant, jour après jour, vous êtes de de plus en plus déterminé, plus sûr de vous, vous avez de plus en plus envie de vous engager et vous vous engagez dans les défis que vous propose la vie.

Prenez une deuxième pierre, inscrivez sur cette pierre le mot « envie », mettez toute votre envie à un niveau inconscient et faites bien cela au-delà de la métaphore. Allez-y, soyez en vie, ayez en vie… envie d'inscrire sur cette pierre le mot « envie ». Dès que cela est fait, placez celle-ci dans le lac de vos apprentissages. Ressentez votre envie grandir en vous, permettez à cette qualité de se développer en vous, ressentez bien comment cela change en vous, dans vos pensées, dans votre comportement. À partir de maintenant, jour après jour, vous avez de de plus en plus envie, vous avez de plus en plus envie d'être en vie, et vous vous appréciez dans les défis que vous propose la vie.

La motivation est importante, mais savez-vous déjà quel sport vous allez pratiquer ? Pour cela, je vais me taire quelques instants, afin que votre inconscient vous envoie un message clair sous forme d'images, de sons, de sensations… C'est lui qui s'exprimera à sa manière. Laissez venir à vous à l'image, le son, ou la sensation d'un ou de plusieurs sports. Laissez cela remonter inconsciemment à votre conscience, imaginez-vous en train de pratiquer ce sport d'ici peu. Ressentez le bien-être que cela vous procure, dans le corps, dans la tête. Sentez comme votre corps s'embellit, votre sourire s'illumine, ressentez tous les bénéfices que vous avez à pratiquer régulièrement ce sport, c'est si agréable. Appréciez la fierté, appréciez les remarques positives de votre entourage. Vous respirez bien, vous êtes à l'aise dans votre corps et très bien dans votre tête.

Imaginez-vous d'ici quelques années, après avoir fait régulièrement du sport, visualisez tous ses bénéfices, ressentez cette force, ces changements dans votre corps, appréciez l'harmonie du corps et de l'esprit. Peut-être y a-t-il autour de vous des personnes qui vous félicitent, ou qui vous encouragent à continuer.

Tout le monde est déjà sportif et court après quelque chose : on court après le temps, on court pour fuir une réalité, on court pour mincir, on court parce qu'on est pressé par le temps, on court pour le plaisir… Il y a toujours une bonne raison de courir, alors je vous propose de commencer doucement en marchant vers votre succès, votre objectif, pour finir par nager dans le bonheur.

À partir de maintenant, en fonction de votre personnalité, de vos croyances aidantes et de vos nouvelles ressources, vous prenez du plaisir à pratiquer du sport régulièrement.

Votre inconscient réorganise toutes vos ressources internes et vous pratiquez du sport plusieurs fois par semaine, vous trouvez facilement un nouveau rythme de vie adapté à vos obligations et à tout ce qui vous fait plaisir dans la vie : faire du sport, prendre soin de votre santé, passer du temps avec les personnes chères votre cœur...

Votre inconscient réorganise dès votre réveil vos ressources internes, vous vous sentez très bien dans votre corps, votre détermination, votre joie, votre positivité se voient au quotidien.

5 : apprêtez-vous à revenir ici et maintenant avec le sourire, avec l'envie de faire du sport, vous sentant très bien dans votre corps et dans vos pensées.

4 : petit à petit, vous revenez ici et maintenant avec le sourire, votre inconscient reprend sa place et le conscient la sienne.

3 : vous trouvez dès votre réveil un nouvel équilibre de vie, vous mangez sainement, vous faites plus de sport, vous êtes de plus en plus positif et en meilleur forme

2 : vous ressentez de plus en plus dans tout le corps une énergie, une sensation très positive, un très grand bien-être, qui grandit à chaque inspiration. Cette sensation très positive ainsi qu'un état d'esprit très positif vous accompagneront toute la journée, toute la nuit.

1 : cet état d'esprit positif, ce bien-être, se voit de plus en plus sur votre visage, vous vous sentez très bien, vous avez le sourire.

0 : vous revenez ici et maintenant avec une envie de vous mettre au sport, vous avez le sourire et vous sentez parfaitement épanoui…

Bonjour.

Prenez le temps de réveiller en douceur le patient, et laissez-lui le temps de recouvrer ses esprits… puis vous pouvez lui proposer un petit débriefing à chaud, l'inviter à partager son ressenti, ce qu'il a vu ou a apprécié. Vous pouvez ensuite lui expliquer que son inconscient va travailler avec cette séance et il se peut qu'il soit un peu plus fatigué ou bien au contraire très dynamique, et que s'il a la moindre question il ne doit pas hésiter à vous contacter.

Séance d'hypnose équilibre harmonie et deuxième cerveau

Utilisation :

Séance passe-partout qui peut s'écouter après une séance de sport, lorsque le patient ne se sent pas bien, un peu barbouillé, mais encore plus lorsqu'il ressent un désordre émotionnel. Elle permet de retrouver une harmonie, un bel équilibre intérieur.

Installez-vous confortablement, et prenez quelques instants simplement pour vous détendre et respirer calmement, pour permettre au calme de commencer à s'installer en vous.

Juste avant d'entrer dans une transe profondément agréable, je vous invite tout simplement à garder les yeux ouverts quelques instants, et à vous intéresser à votre respiration, une respiration qui se calme de plus en plus, une respiration qui détend le corps. Inspirez calmement et expirez lentement, tranquillement.

Inspirez calmement et laissez chaque inspiration vous insuffler de la légèreté.

Peut-être pouvez-vous imaginer que le corps se détend pendant qu'une partie de vous vous libère de toutes les tensions dans le corps et dans l'esprit.

Prenez plaisir à vous concentrer sur votre respiration comme pour mieux vous connecter à vous-même. Se centrer de plus en plus en soi, pour rendre ce moment de plus en plus intérieur… Autorisez-vous un magnifique moment de légèreté, de bonheur tout simple, en laissant juste chaque respiration détendre de plus en plus vos muscles de la tête aux pieds.

Aussitôt qu'une partie de vous sera prête à entrer dans un état très confortable d'ici quelques instants, il vous suffira de fermer les paupières et d'ouvrir vos yeux, votre cœur, à ce qui se passe à l'intérieur. Je ne sais si vous avez déjà fait auparavant des séances d'hypnose, mais je sais que l'hypnose, en plus d'être très relaxante pour le corps et l'esprit, permet à tous nos sens de se tourner à l'intérieur de notre être, et l'on peut facilement prendre du plaisir à changer, à voir le monde d'une autre manière, à être plus à l'écoute de son moi profond, de sa partie inconsciente, et ressentir par exemple une grande énergie positive dans tout le corps, ou tout simplement apprécier de belles pensées qui nous accompagnent toute la journée.

J'ignore si vous vous préférez entrer dans une transe profondément agréable maintenant, ou si vous allez entrer progressivement dans une transe moyennement profonde d'ici quelques instants, mais j'ai l'intime conviction que les plus beaux voyages commencent par un premier pas ; et peut être pourriez-vous alors permettre à ma voix de vous accompagner le long de ce voyage intérieur, d'être une sorte de guide qui vous accompagne pas à pas avec bienveillance sur ce chemin qui mène au bonheur intérieur.

Et bien que je ne sache pas si vous voulez vous détendre avant d'entrer profondément en transe, ou si vous allez vous détendre, lorsque vous serez en état, très agréable d'hypnose, je vous invite à vivre ce moment comme si vous étiez dans votre bulle, une très belle bulle, hors du temps, qui se laisse amener à plus de hauteur, avec beaucoup de douceur, de légèreté, vers un voluptueux voyage.

Je vous invite à laisser le monde que vous connaissez de côté, à prendre le temps, le temps de ralentir, le temps de vous concentrer quelques instants sur votre respiration, sur l'air qui entre dans les poumons ; ressentez, ressentez la façon dont la cage thoracique à chaque inspiration se soulève délicatement, lentement, tranquillement, et vous pouvez déjà sentir ce parfum de tranquillité qui s'installe de plus en plus et de mieux en mieux. Et ce calme vient reposer le corps et l'esprit. Cela permet alors de laisser simplement chaque expiration détendre de plus en plus le corps. Imaginez le corps qui se détend de plus en plus, comme dans un agréable bain, et permettez aux muscles de se relâcher naturellement, librement, sans faire quoi que ce soit, si ce n'est de se laisser aller, et laisser les pensées s'accrocher, puis se décrocher, s'accrocher puis se décrocher, tant et si bien que l'on finit par décrocher, pour s'accrocher à toutes ses sensations de bien-être et de légèreté qui s'installent de plus en plus à chaque expiration.

Sans attendre que le corps continue de se décontracter, de se reposer comme dans un agréable bain chaud, dont la simple pensée suffit à faire remonter nos souvenirs, des souvenirs de senteurs peut être boisées, florales ou fruités, qui savent nous faire voyager et se jouer de nos sens, soyez libre, libre de laisser disparaître toutes les tensions dans le corps. Il est agréable de se laisser aller parfois, de relâcher la pression, de souffler, de se sentir bien dans son corps et dans sa peau. Je me dis que parfois cela doit être plaisant de simplement se laisser porter vers un grand moment de bien-être, c'est un peu comme lorsque l'on prend du temps pour soi, que l'on prend soin de soi en allant se faire masser, il suffit de profiter de cet instant plaisant. Mais ne vous détendez pas entièrement tout de suite, attendez quelques secondes, lorsque le corps sera détendu et que l'esprit sera plus léger. C'est un peu comme ces moments où le temps semble s'arrêter, ces moments d'osmose avec la nature où l'on est simplement allongé, juste là, à profiter intérieurement de toutes ces sensations extérieures, du soleil qui de ses doux rayons réchauffe la peau, du vent qui se fait comme une caresse tendre et chaude… Peut-être que votre attention s'est parfois portée sur le chant des oiseaux qui berce vos oreilles, et votre cœur de songes d'évasion et de liberté. Il est alors possible de se souvenir de tous les éléments extérieurs qui permettent de voyager et d'être en paix en son for intérieur…

Et c'est tout naturellement que, pendant que la respiration est calme, que vous entendez ma voix, le corps se détend de plus en plus, et plus le corps se détend, plus vous entrez profondément en vous à chaque expiration.

Vous pouvez vous faire ce présent, ce cadeau, de vous imaginer dans un endroit où vous vous sentez merveilleusement bien, un endroit qui vous rappelle le calme et le bien-être, cela peut être un endroit dans la nature, un lieu de votre enfance… Imaginez-vous dans ce lieu, dans cet endroit où vous vous sentez merveilleusement bien. Profitez de tous vos sens de ce moment apaisant, et vous pouvez voir ce qu'il y a à voir, entendre ce qu'il y a à entendre, ressentir ce qu'il y a à ressentir. Autorisez-vous à vivre pleinement ce moment, et c'est comme si dès à présent vous étiez de plus en plus là-bas et que vous profitiez de ce moment de bonheur, d'équilibre et d'harmonie.

Vous savez, parfois, il m'arrive de penser qu'il y a des images qui charment nos cœurs et des mots qui les enchantent, alors que certains mots, au-delà de nous transporter, ont comme un pouvoir presque magique : ils peuvent sécher les larmes, panser d'autres maux, et parfois, l'absence de mots. Nous permet de vivre et d'apprécier tous nos sentiments, ainsi que la beauté de l'instant présent. Et vivre l'instant présent, c'est garder son âme d'enfant et s'émerveiller de la beauté du monde qui nous entoure, et celui qui garde son âme d'enfant ne vieillit jamais.

Bien qu'une partie de vous fasse un agréable voyage et que l'autre continue d'approfondir cet état, il est important de savoir se perdre, pour mieux se retrouver, retrouver en soi un nouvel équilibre, une délicate harmonie, et il devient alors inutile de souffrir lorsqu'il suffit de s'ouvrir, d'ouvrir les portes de nos émotions, de les comprendre, de leur donner du sens afin de donner encore plus de sens à nos sens. Il suffit de s'ouvrir à cette façon que l'on a, chacun à notre manière, d'intérioriser grâce à nos sens ce que l'on vit de l'intérieur, ce que l'on entend, ce que l'on perçoit, ce que le que l'on ressent, ce qui vibre en nous, l'essence même du sens que l'on donne au monde ; le plus important n'est alors plus le temps, mais la manière et le sens que l'on donne à nos actions, tout comme le sens que vous donnez à cet état qui continue de s'approfondir alors que votre esprit devient de plus en plus léger.

Et vous pouvez être surpris de constater que votre esprit est de plus en plus léger à chaque expiration, si léger qu'il s'envole, de plus en plus sous le sens et le souffle de mes mots et cela vous permet alors de librement profiter de ce moment délicieux de légèreté.

Alors que ça change en vous, que le corps se détend, que l'esprit devient de plus en plus léger, vous rendez ce moment encore plus agréable, encore plus léger et profond à la fois. En effet, dès que vous entendez le mot « léger » vous multipliez par 2 les sensations dans le corps et dans l'esprit, dès que vous entendez le mot « léger », vous entrez deux fois plus en transe. Il est agréable d'avoir l'esprit léger, léger comme la plume qui se laisse tendrement porter à l'horizon, et il est plus facile d'avancer, lorsque le cœur et l'esprit sont légers. Peut-être pourriez-vous imaginer votre esprit être de plus en plus léger, comme accroché à des ballons, à des dizaines de ballons colorés que l'on observe s'envoler, comme pour se rapprocher du soleil, ou pour emporter avec eux des messages de paix.

Pendant que cet état continue de s'approfondir et de devenir léger, permettez-moi de partager avec vous un peu de ma vie, de ces personnes pour qui j'ai beaucoup de respect. Du côté de ma belle-famille, il y a des rendez-vous à ne pas manquer, c'est un peu comme une tradition ; il y a des repas, des activités, et parfois des concerts. En effets, ils sont tous unis derrière une passion : la musique. Chacun a son instrument, il y a des cuivres, des instruments à vent, des percussions… Un véritable orchestre symphonique. Et tous les ans, j'attends patiemment ce moment, vous savez, celui de savoir quelle musique va me faire le plus vibrer. Je m'assois toujours à la bonne hauteur, au milieu, et quand la lumière s'éteint, place à la magie. Les mots qui sont serments, promesses et espoirs sont remplacés par des notes qui nous touchent au point de faire vibrer les plus sensibles de nos cordes. Précieux instants où l'harmonie est un bonheur, une joie qui séduit l'âme de tous les rêveurs, et facilement on se laisse séduire de voir tout le monde être plongé dans le même univers avec la même volonté de jouer cœur à cœur, pour le plus grand plaisir des spectateurs. Alors en les regardant avec des yeux d'enfant, pleins d'émerveillement, on se sent happé au point d'avoir un peu l'impression d'être parmi eux, dans cette bulle. Souvent, Sandrine prend la place de chef d'orchestre. Chaque personne a et connaît sa partition, Sandrine donne le tempo, le relief, la puissance, la chaleur, et beaucoup de douceur. Elle réussit avec modestie et précision à faire ressortir majestueusement l'émotion de chaque musique, elle est à la fois à la tête et gère le cœur. Elle maîtrise chaque silence comme pour mieux les remplir d'émotion, et les sons entre les mains des musiciens ont autant de sens et d'importance que leurs absences. Il en ressort quelque chose qu'il est difficile de nommer, qui est bien au-delà du beau, c'est un peu comme une fine dentelle entre les mains d'une couturière, qui se tisse sous nos yeux presque amoureux, un fil soyeux et précieux, où les espaces vides se marient parfaitement avec les pleins. Et j'ai tendance à penser que l'on est tous notre propre chef d'orchestre, et que c'est avec notre tête et notre cœur que l'on peut composer la plus belle et la plus douce des harmonies, qu'une partie de nous peut donner la rythmique à chacun de nos organes, à chacune des parties qui nous composent. Tout comme l'on peut faire le choix parfois de changer simplement de partition, d'en trouver une beaucoup plus vivante, joyeuse, heureuse… Et je me demande ce qui se passe lorsque vous ressentez un grand bien-être grandir dans chacune des cellules de votre corps. Cela doit être agréable de se sentir épanoui, bien dans son corps, bien sa tête, d'être son propre chef d'orchestre de cœur et du reste qui resplendit de joie et de bonne humeur. Il paraît que le bonheur est quelque chose de très intérieur et que cela se voit à l'extérieur. Peut-être pourriez-vous alors dès à présent ressentir des émotions très positives, et simplement les laisser grandir en vous et vous accompagner quelque temps.

Métaphore action : j'invite une partie de vous ou peut-être les deux à prendre conscience ou inconscience de tout ce qui se passe à l'intérieur de votre corps, à prendre encore un peu plus conscience ou inconscience de chaque cellule, chaque parcelle de vie à l'intérieur de votre corps. Vous savez, votre inconscient travaille depuis votre naissance, et même avant à votre bon équilibre et à votre santé mentale sans que vous ayez quoi que ce soit à faire de manière consciente. Il régule la température du corps, vous permet d'adapter votre respiration à votre effort, tout en vous permettant de garder l'équilibre et de percevoir et traiter toutes les informations de l'endroit où vous êtes. La science a prouvé que l'intestin et surtout la flore bactérienne qui le compose communique avec le cerveau, que le bien-être de l'un fait le bonheur de l'autre, et que l'un comme l'autre produit des hormones associées à notre bien-être physique et psychique, tant et si bien que les émotions se logent bel et bien aussi dans notre intestin. Prenez totalement conscience et inconscience de votre intestin et de sa flore bactérienne. Faites-le au-delà des mots, au-delà des images, des métaphores. Entrez en contact avec la flore bactérienne de l'intestin. Pensez à des moments où vous vous sentez merveilleusement bien, en équilibre, en harmonie avec qui vous êtes, trouvez dans vos souvenirs des moments de bonheur, d'harmonie, de joie, recherchez bien. Dès que vous vous souvenez, ressentez toutes ces émotions. Récupérez toutes ces émotions, allez-y, et diffusez-les à votre intestin et dans la flore intestinale. Ressentez ce bien-être, cette harmonie, cette joie, et dès à présent multipliez par deux ce ressenti à chaque fois que vous entendez le mot « être », car le bien-être est tout aussi important qu'être bien, et pour être bien dans sa peau, être bien dans son corps, il faut être bien dans son cœur. Pendant que ce bien-être continue de s'installer à chaque respiration, vous pouvez laisser venir à vous des images, des pensées qui vous apportent de la joie, de la sérénité ; profitez de ce moment pour vous au-delà des mots et des métaphores, faites cela en vous, vivez pleinement ce moment de bien-être, d'équilibre et de joie. Laissez la magie de ce moment totalement vous parcourir, vous changer, ça doit être agréable de profiter de ce moment pour changer et vous sentir bien dans votre corps, dans vos pensées, en parfaite harmonie dans le cœur, le corps et l'esprit. Profitez de votre moment de bien-être et d'équilibre intérieur pour renaître à votre réveil, vous sentant merveilleusement bien.

Avant de vous réveiller et de vous sentir merveilleusement bien, je vais me taire quelques instants pour permettre à votre inconscient de vous envoyer un message, ou de vous donner un sens pour l'avenir, pour lui laisser l'opportunité de s'exprimer à sa façon, avec des mots, des sons, des images, des sensations, des idées, peut-être tout en même temps. Il peut dès à présent librement échanger avec cette autre partie de vous.

À partir de maintenant, vous vous sentez en parfait équilibre, et cela donne une toute nouvelle et agréable saveur à votre vie.

À partir de maintenant, vous trouvez facilement des occasions d'être heureux, et de profiter totalement de l'instant présent.

À partir de maintenant, vous sentez parfaitement ce lien émotionnel qui relie le corps à l'esprit, vous devenez le chef d'orchestre de votre vie, et vivez en parfait accord avec vos émotions.

5 : apprêtez-vous à revenir ici et maintenant très souriant, vous sentant merveilleusement bien.

4 : petit à petit, l'inconscient reprend sa place… et le conscient la sienne.

3 : votre inconscient continue de réorganiser toutes vos ressources inconscientes afin de vous permettre d'être en parfaite harmonie avec votre nature profonde.

2 : progressivement vous pouvez reprendre une mobilité tout à fait normale.

1 : vous vous aimez de plus en plus, souriez et faites rayonner les personnes qui comptent pour vous.

0 : vous pouvez revenir ici et maintenant avec le sourire, vous sentant en parfait équilibre, en parfaite harmonie avec cette belle personne que vous êtes, et cela se voit autant intérieurement qu'extérieurement.

Bonjour.

Prenez le temps de réveiller en douceur le patient, et laissez-lui le temps de recouvrer ses esprits, puis vous pouvez lui proposer un petit débriefing à chaud, l'inviter à partager son ressenti, ce qu'il a vu, a apprécié… Vous pouvez aussi lui expliquer que son inconscient va travailler avec cette séance et il se peut qu'il soit un peu plus fatigué ou bien au contraire très dynamique, et que s'il a la moindre question il ne doit pas hésiter à vous contacter.

Reprogrammer son subconscient

Utilisation : cette séance très technique, moins romancée mais vraiment efficace, permet de travailler sur les croyances aidantes, de se reprogrammer en fonction des besoins du patient.

Faire écrire de manière positive les changements sur une feuille au préalable. Lui faire lire la feuille, plusieurs fois.

À partir de maintenant je suis plus positive

À partir de maintenant je mange équilibré et je respecte mon corps

À partir de maintenant j'ai plus confiance en moi et cela me permet de réaliser de très belles choses.

Prenez le temps de vous installer confortablement, et dès que vous êtes prêt à entrer en transe pour reprogrammer votre subconscient, à travailler à un niveau inconscient sur vos croyances limitantes, je vous propose simplement de lever l'index de votre choix.

Je vous invite à porter votre attention sur votre respiration un moment. Respirez calmement, et permettez à votre corps et à votre esprit de se détendre.

Ne fermez pas les yeux consciemment maintenant, mais attendez bien qu'inconsciemment ils se ferment d'ici quelques instants pour vous permettre d'entrer en transe. Je ne sais pas si vous préférez entrer dans une transe moyennement profonde ou si vous allez entrer dans une transe profondément agréable quand le corps sera détendu, mais je sais qu'il est vraiment agréable de prendre du temps pour soi, de se relaxer, d'avoir des moments de calme. On dit souvent que la nuit porte conseil, ce qui est vrai en grande partie, en réalité c'est pendant cet état de sommeil qu'une partie de vous est plus présente, et recherche si nécessaire des solutions à des problèmes, ou encore il peut arriver qu'elle vous envoie des messages... et c'est un peu cela que vous allez pouvoir expérimenter lorsque vous serez prêt.

Juste avant d'entrer dans un moment très agréable de bien-être, de lâcher prise, je vous invite à permettre simplement à votre regard de se poser avant que vos yeux se ferment pour s'ouvrir à votre monde intérieur. Choisissez un point en face de vous et regardez-le avec intérêt. Faites comme si ce point était la chose la plus importante pour vous à cet instant. Observez sa forme, appréciez son aspect, sa proximité, sa couleur. Ses bords sont-ils lisses ? Réguliers ?

Dès à présent, plus vous regardez ce point, plus vos paupières se ferment, et plus vos paupières se ferment, plus votre corps se détend et plus votre corps se détend, plus vous entrez en transe et ressentez un grand bien-être dans le corps et dans les pensées.

Pendant que vos yeux se ferment, que votre corps se détend de plus en plus, que vous entendez ma voix, tous vos sens peuvent se tourner progressivement vers l'intérieur de votre être. C'est un peu comme si votre regard se posait sur l'intérieur de votre être, afin de mieux voir ce qu'il y a à voir, entendre ce qu'il y a à entendre, ressentir ce qu'il y a à ressentir. On dit souvent que le simple fait de fermer les yeux permet de décupler les autres sens.

Alors peut-être est-il possible pour vous d'imaginer que les yeux fermés vous ouvrent la porte qui mène à votre monde inconscient, qu'une respiration calme et détendue en est la clé, et que cela vous permet d'avancer encore plus dans cet état de mieux-être.

Et pendant que vous entrez à votre manière encore plus profondément en état d'hypnose, vous pouvez trouver une très belle harmonie en vous centrant sur votre respiration, une respiration, très calme, fluide, qui permet à chaque expiration de décrocher tous les points de tension du corps.

Imaginez pendant que votre inconscient retire tous les points de tensions à l'intérieur de votre être, que tout le corps devient de plus en plus léger… C'est un peu comme si vous pouvez déjà … mettre de côté tout ce qui vous pèse à un niveau inconscient, pour simplement porter votre attention sur tout ce qu'il y a en vous de présent, de plaisant … comme cette respiration très libre et pleine de légèreté… cette agréable sensation de légèreté qui s'installe de plus en plus dans le corps et dans les pensées … comme pour permettre au corps et à l'esprit de voyager l'esprit léger.

Et à votre manière, en fonction de qui vous êtes, de votre vision du monde, prenez plaisir à retirer toutes les tensions dans le corps à chaque expiration, pendant que chaque inspiration vous permet de vous sentir de plus en plus léger dans le corps et dans l'esprit… Ressentez toute cette légèreté qui grandit de plus en plus dans le corps, et dans l'esprit …, imaginez le corps qui devient si léger qu'il pourrait presque s'envoler … Profitez de ce moment de liberté et de légèreté pour laisser le corps et l'esprit s'envoler dans une belle poésie… laissez venir à vous les images et les sensations qui en découlent

Progressivement, laissez toutes les perceptions à l'extérieur de votre corps pour vous permettre d'entrer encore plus loin en vous, dans vos pensées, encore plus en état de transe… et de plus en plus tous les bruits extérieurs peuvent se faire de moins en moins présents tandis que vous prenez de plus en plus conscience de ceux qui résonnent *dans votre corps, dans ces pensées qui vont et viennent. Les bruits de votre respiration… les battements de votre cœur…

Et l'extérieur est de tout proche de devenir de moins en moins puisque l'intérieur est prêt à présent à se rapprocher encore moins loin et … vous glissez de plus en plus dans un état de calme… profond, de bien-être… dans une hypnose très agréable…

Avant d'entrer au cœur de cette séance pour reprogrammer votre subconscient positivement, il est important d'approfondir cet état, dès que vous entendez le mot possible, dès que vous entendez le mot possible vous entrez deux fois plus en transe. A chaque fois que vous entendez le mot possible vous entrez deux fois plus profondément en état d'hypnose.

Je vous invite à imaginer qu'il existe en vous un espace où tout est possible, un espace où il possible de faire évoluer vos croyances limitantes… car bien des choses peuvent nous paraître impossibles jusqu'à ce qu'on soit capable de les réaliser… Je vous propose d'effectuer en vous les changements en fonction de qui vous êtes, de vos possibilités, de votre histoire, de votre vision du monde. De porter plus votre attention sur les croyances qui vous aident à avancer, plutôt que celles qui vous ralentissent… d'aller de l'avant plutôt que de stagner ou reculer… Cela va bien au-delà du simple courage, et relève plus de l'écoute de cette petite voix en vous qui vous a montré le chemin, qui vous a poussé à parfois réussir de merveilleuses choses en étant accompagné où même tout seul … Pensez à la première fois où vous avez peut-être marché, fait du vélo, écrit, voire dit « je t'aime » … C'est un peu comme si certaines choses nous paraissaient impossibles à cet instant, alors qu'elles peuvent être possibles d'ici quelque temps avec de l'apprentissage, et un peu de croyance aidante… Alors, pendant ce moment qui vous appartient, je vous invite à être curieux ou curieuse de vos possibilités…, à vous destiner à la réussite… à juste reprogrammer votre subconscient pour suivre un peu plus vos croyances aidantes, pour avancer librement vers vos objectifs, vers vos rêves.

Pensez ou imaginez la façon dont vous pouvez améliorer positivement votre vie … … Faites-le à votre façon, certains entendront des pensées encourageantes ou qui vous conseilleront d'aller dans telle direction, d'autres visualiseront ce qu'ils doivent mettre en place pour changer positivement, enfin il y aura ceux qui auront un ressenti… un peu comme une forte intuition… Laissez cette façon d'améliorer votre vie positivement venir à vous… remonter à la conscience.…

Pensez ou imaginez ce qu'il faudrait changer en vous pour cela, pour être en accord avec ce que vous souhaitez améliorer positivement dans votre vie.…

Vérifiez l'écologie de tout cela, vérifiez que cela vous correspond, que c'est réalisable… … … .…

Dès à présent, changez en vous dans votre subconscient ce qu'il y a à changer… agrandissez votre champ des possibles… laissez-vous porter par vos croyances aidantes… et continuez ces changements en vous...

Vous savez, chaque personne est différente et expérimente les changements en elle de diverses manières. Certains ressentiront ces changements en eux, d'autres les verront, ou entendront une petite voix qui les encourage, peut-être tout en même temps… Laissez ces changements positifs s'installer en vous pendant que votre corps et votre esprit se régénèrent. Continuez de vous reprogrammer pendant que le corps et l'esprit se régénèrent positivement et gagnent en force, ressentez ces changements en vous et la façon dont ils affectent vos pensées.

Pendant que votre inconscient continue de réorganiser vos ressources internes, de reprogrammer positivement votre subconscient, je vous invite à penser et vous répéter mentalement ces mots marqués sur le papier qui commencent par « à partir de maintenant, je vais… ». Allez-y, répétez-vous mentalement ces phrases et rendez-les réelles, répétez-les jusqu'à ce qu'elles soient vraies pour vous, qu'elles deviennent des convictions… … …

Vous savez, le corps et la pensée humaine sont surprenants, car là, maintenant, dans cet état de calme qui vous permet d'avoir une autre proximité avec soi, il vous est possible de changer, en philosophie on parle de l'inné et de l'acquis, et pour acquérir il faut souvent apprendre, puis changer si nécessaire. Vous êtes justement au bon endroit au bon moment pour cela, avec tous vos apprentissages et changements. Il suffit juste de croire en vous, en vos capacités, et de faire le premier pas. Vous avez en vous toutes les capacités pour transformer votre vie positivement. Allez-y, transformez-vous positivement, faites cela pour vous, pour votre bien-être, votre équilibre… (laissez l'inconscient travailler pendant 30 secondes)

Maintenant que vous vous êtes programmé positivement, que vous êtes plus à l'écoute de vos croyances aidantes, il vous faut donner un sens à ces changements, leur donner une direction positive. Profitez de ce moment pour vous et décidez ici et maintenant quel sera le premier pas qui vous permettra d'avancer vers votre bonheur.… (Laissez l'inconscient travailler pendant 10 secondes)

Je vous invite à vous imaginer, vous visualiser d'ici quelques jours : vous profitez pleinement des bénéfices de cette séance, vous appréciez ces changements en vous dans votre subconscient… (laissez l'inconscient se projeter dans le futur pendant 30 secondes)

5 : apprêtez-vous à revenir ici et maintenant avec votre subconscient reprogrammé positivement, vous sentant merveilleusement bien.

4 : vous vous apprêtez à revenir ici et maintenant parfaitement conscient de ce que vous pouvez être et réaliser dans votre vie, à l'écoute parfaite de vos croyances limitantes et aussi aidantes, qui vous permettent de garder l'espoir et d'avancer.

3 : votre inconscient adapte ses changements afin de faire évoluer positivement votre vie.

2 : petit à petit, le conscient reprend sa place et l'inconscient la sienne.

1 : plus vous revenez ici, plus vous souriez en vous sentant merveilleusement bien. Profitez de ce moment de bien être pour revenir parfaitement réassocié.

0 : votre sourire illumine votre visage et vous pouvez revenir ici et maintenant.

Bonjour.

Prenez le temps de réveiller en douceur le patient, et laissez-lui le temps de recouvrer ses esprits. Ensuite, vous pouvez lui proposer un petit débriefing à chaud, l'inviter à partager son ressenti, ce qu'il a vu, a apprécié... Vous pouvez aussi lui expliquer que son inconscient va travailler avec cette séance et qu'il se peut qu'il soit un peu plus fatigué ou bien au contraire très dynamique et que s'il a la moindre question il ne doit pas hésiter à vous contacter.

Mincir par l'hypnose

Utilisation :

Cette séance d'hypnose permet de perdre les kilos dits émotionnels, de se tourner vers une alimentation beaucoup plus saine. Cette séance sera particulièrement adaptée pour les personnes qui ont le besoin et l'envie de se montrer, qui ont pris du poids parce que leur inconscient n'a trouvé que cette solution comme moyen de protection, par exemple à la suite de déceptions amoureuses.

Vous savez il y a dans notre vie moderne de nombreuses raisons qui font que l'on prend du poids : les industriels et les publicitaires qui nous poussent à la surconsommation, le manque de dépense énergétique, le besoin de combler un manque affectif, la gourmandise, même le fait d'avoir mis au monde un enfant... Toutes les raisons sont bonnes pour prendre du poids. C'est une adaptation inconsciente à différentes situations de la vie, donc il n'y a pas à culpabiliser de cela.

Avant d'entrer en état d'hypnose, je vous invite à vous installer confortablement. Il est important au préalable que vous répondiez à certaines questions, afin de donner une direction et du sens à cette séance.

Fermez les yeux quelques instants, pensez bien à votre objectif, vous pouvez l'imaginer un peu comme s'il était là en face de vous : souvent lorsque les patients veulent perdre du poids ils se visualisent face à un miroir avec un ou deux tours de taille en moins, ou ils sont sur leur balance en train de se peser. Visualisez bien votre objectif, ajoutez le plus de détails possibles, si vous êtes dans la salle de bain, vous pouvez voir tout le décor, vous souvenir des odeurs, et vous visualiser dans cet espace. Imaginez que vous avez atteint votre objectif et que vous êtes en train de le constater.

Vous pouvez répondre à voix haute ou mentalement à ces

questions : Pour atteindre cet objectif avez-vous besoin d'être en paix avec vos émotions ?

Cet objectif est réalisable ?

Quelles qualités possédez-vous pour y arriver ?

Quel pourrait être votre premier pas à la fin de cette séance ?

Vous pouvez rouvrir les yeux, prendre une respiration calme, qui vous permet de vous détendre. Ajustez si nécessaire votre position.

Je vous invite à ne pas fermer vos yeux consciemment maintenant, mais d'attendre bien qu'ils se ferment d'eux-mêmes lorsque vous serez prêt à entrer en état de transe. Pour cela, peut être pourriez-vous dès à présent prendre le temps de vous détendre, en vous concentrant sur votre respiration. Prenez trois grandes inspirations et expirez lentement et profondément. Permettez à chaque expiration de vous libérer de toutes les tensions dans le corps... ... Permettez à chaque expiration de vous détendre de plus en plus, de vous libérer de toutes les tensions dans les muscles... Ressentez cette détente qui s'installe de plus en plus et de mieux en mieux dans tout le corps. Et vous pouvez être curieux ou curieuse de constater à quel point cet état peut être encore plus profond. Pour cela, il vous suffit de laisser quelques instants votre regard se poser en observent attentivement sur un point de votre choix, dans l'endroit où vous êtes. Observez attentivement ce point, ne le laissez surtout pas s'échapper avant que vos yeux se ferment inconsciemment. Observez ce point intensément, vous pouvez imaginer que ce point est la porte vers votre monde intérieur. En effet, plus vous regardez ce point en entendant ma voix, plus les paupières se ferment.... Et plus les paupières se ferment, plus le corps se détend … et plus le corps se détend, plus cette introspection devient profondément agréable.

Permettez à tous vos sens se tourner vers l'intérieur de votre être afin de voir ce qu'il y a à voir, ressentir ce qu'il y a à ressentir, entendre ce qu'il y a à entendre… Autorisez-vous d'être votre médecin qui écoute avec son stéthoscope les battements du cœur. Oui, c'est bien l'amour le puissant des remèdes, car il vous faudra beaucoup d'amour et d'estime de vous pour changer. Sans faire quoi ce soit vous pourrez alors vous changer pour être un peu plus vous-même. Moi qui ai eu la chance de beaucoup explorer le monde, je suis convaincu que certains voyages nous changent en profondeur… Peut-être est-il temps pour vous de continuer ce voyage en vous, de vivre de délicieux moments où votre sourire, à la manière du soleil, réchauffe et illumine les visages des gens qui vous entourent. Je vous invite à profiter de ce vent de légèreté caché derrière chacun de mes mots…

Alors qu'à chaque expiration le corps devient deux fois plus lourd, l'esprit devient deux fois plus léger, comme posé en toute sérénité sur un nuage de douceur. Peut-être pouvez-vous vous imaginer en train de voyager sur ce petit nuage délicat et doux vers l'intérieur de votre être, là où les pensées sont créées avant même d'être pensées, là où sont créées et ressenties vos émotions. Cela doit être agréable de se rendre compte de toutes ces merveilles qui sont cachées en nous, de partir à la rencontre de cette autre partie de nous, de voir toutes ces étoiles en nous, ces espoirs, ces constructions, ces projets… Alors qu'à chaque expiration les images, les sons, les sensations deviennent plus présentes, je vais me taire quelques instants pour vous permettre de vous émerveiller à parcourir votre monde inconscient sur ce nuage de douceur. Imaginez-vous voyageant en vous sur ce délicat et agréable nuage de douceur, vous pouvez partir à votre propre rencontre.

Alors que cet état continue de s'approfondir …et que mes mots vous soufflent d'agréables souvenirs passés et à venir peut-être pourriez-vous continuer ce voyage en vous au pays de vos émotions, dans ce monde inconscient. Tout le monde est conscient qu'il a un conscient et un inconscient, et que notre inconscient n'est pas conscient de notre conscient qu'il en est inconscient de notre inconscient, alors qu'inconsciemment cet état devient deux fois plus profond dès que vous entendez le mot « amour ». En effet, dès que vous entendez le mot « amour » vous entrez deux fois plus profondément dans cet état, et les images, les sons, les sensations, deviennent de plus en plus présentes en vous. Car l'amour est enfant de bohème, et que faute d'aliments, le feu, tout comme l'amour, s'éteint, et comme le dit si justement mon ami Antoine, tant que l'amour est là, ça va. Alors on pourrait utiliser tous les mots du monde, mais il faut savoir que le langage du cœur est celui qui convient le mieux à l'amour, et que l'amour est comme une caresse tendre qui sèche les larmes du présent et du passé. L'heure est venue de vous faire ce présent, de vous donner ou de créer cette pièce manquante dans le passé.

Je sais que nous sommes nombreux à avoir connu cette frustration, cette tristesse où il nous manque une ou plusieurs pièces pour terminer un puzzle, si seulement l'on m'avait dit petit que cet espace vide était un espace où je pouvais exprimer mon imaginaire et ma créativité… Cela doit être difficile de vivre avec un vide à l'intérieur de soi alors qu'on pourrait le combler avec un peu d'amour. Je me dis que peut-être certaines de mes histoires peuvent vous accompagner pour continuer ces changements en vous, dans vos pensées, dans votre cerveau émotionnel, et vous changer sans faire quoi que ce soit, si ce n'est de vous laisser trans …porter, afin d'ouvrir en vous les portes du changement, avancer sereinement vers cette personne heureuse épanouie, beaucoup plus mince, bien dans sa peau, bien dans son corps. Pour cela il est important de céder pour pouvoir s'aider, se perdre pour mieux se retrouver, retrouver la belle personne que vous êtes, qui vit en parfait équilibre avec ce lien fort qui marie le corps à l'esprit.

Permettez-moi alors de porter à votre esprit ce très court conte de faits : *la Belle aux boîtes dormantes*. Il était une fois une princesse moderne qui menait une vie de dur labeur, elle travaillait tous les jours, elle faisait tout ce que font les femmes actuelles : amener les enfants à l'école, aller au travail, rendre la maison propre… Une vraie vie de Cendrillon, à la différence qu'elle avait un peu d'embonpoint. Avec le temps, elle avait oublié qu'il fallait se reposer pour vivre plutôt que vivre pour se nourrir. Sa vie était parfois difficile, et elle cherchait des réponses à ses problèmes quotidiens. Souvent, lorsqu'elle ressentait de la tristesse, de l'ennui, de la frustration, elle se jetait sur la nourriture. Ce qu'elle préférait, c'était de manger les plats tout préparés de la grande distribution, et les biscuits au chocolat avec un prince dessus.

Le midi, elle réchauffait des boîtes de conserves contenant de nombreuses graisses, des sucres cachés, et de très nombreux produits chimiques, vous savez, ceux avec un code E… Le monde dans lequel vivait cette princesse présentait de nombreuses tentations, et même si la princesse voulait pourtant souvent bien faire, prendre soin d'elle, manger correctement, jamais n'était venue de bonne fée qui, d'un coup de baguette magique, aurait pu la rendre belle ou lui faire un relooking…. Surtout que, dans le royaume où vivait la princesse, les mages des industriels et des publicitaires pesaient de tout leur poids pour vendre et rendre appétissants des aliments qui nous tuent petit à petit. Ces mages avaient toujours beaucoup d'imagination pour faire briller et des donner de superbes couleurs, et du goût à des produits qui n'en avaient pas. Ils travaillaient dur pour nous proposer de très belles pommes rouges avec des pesticides, toute lisses avec zéro défaut comme dans *Blanche- Neige*, ou pour nous appâter avec de très beaux gâteaux, des bonbons pas si bons, et des pains d'épices comme dans *Hansel et Gretel*… Et on ne sait pas par quelle magie le cheval du prince avait fini dans les raviolis. Les mages des publicités avaient jeté un sort à l'ensemble des habitants du royaume, un sort qui les poussait à consommer, consommer, consommer toujours plus. Alors la belle consommait, consommait, consommait toujours plus... et en consommant ce que lui vendaient les grands mages de la haute distribution, elle accumulait de nombreux poisons dans son corps, ce qui rendit la princesse très malade. Mais un jour, elle rencontra un prince sur qui le terrible sort des publicitaires et des industriels n'avait aucun effet. Ce prince moderne arriva avec une modeste calèche de 5 chevaux fiscaux, c'était un jeune homme très beau de l'intérieur et de l'extérieur, qui avait la particularité de cuisiner dans un grand restaurant les produits frais avec son ami Ratatouille qu'il cachait sous sa toque. Il prenait beaucoup de plaisir à cuisiner, à préparer de délicieux repas pleins de saveurs et de couleurs. Il cuisine d'ailleurs de magnifiques soupes, des risottos, des ravioles, des salades diverses et variées en crudités, des jus verts, oranges, jaunes accompagnés de fruits secs savoureux, et bien d'autres choses pour la princesse, afin d'améliorer sa santé, mais aussi de la séduire. Pour leur premier vrai rendez-vous, le prince invita la princesse dans un magnifique restaurant en forêt. Il la fit rêver en lui racontant toutes ses histoires, en lui parlant de son amour pour les vergers qu'il entretenait, mais aussi en lui parlant de ses projets d'avoir des enfants, de voyager, d'amour... La princesse fut alors conquise devant cette personne qui possédait en elle tellement d'amour, de rêves et de générosité qu'il partageait sincèrement, si bien qu'elle lui offrit un baiser d'amour. Il se passa alors quelque chose de magique : tandis qu'elle savoure ce moment, des centaines de petites étoiles, comme des paillettes, se mirent à tournoyer tout autour d'elle ; elle ressentit comme une force qui la motivait et ça la libère, et le sort de la malbouffe est fut définitivement rompu. Elle décide en premier lieu d'en finir avec les repas chez le grand clown, celui qui demande qu'on « l'M » en mangeant ses sandwichs. Elle peut faire tout aussi bon, et bien meilleur pour sa santé. La princesse, une fois arrivée à son logis, se mit à réfléchir : comment faire pour être en bonne santé ? Dois-je arrêter de manger régulièrement des aliments gras ou remplis de sucre ?

De fil en aiguille, elle comprit très vite que sa maladie et ses changements de silhouette était liés à ses émotions et son alimentation. Elle décide au plus profond d'elle-même de faire régulièrement de l'activité physique, de prendre du temps pour se détendre et de rechercher le plaisir et la santé dans son alimentation plutôt que la quantité, et surtout de faire le ménage dans ses placards : elle jette donc toutes ses boîtes de conserve, sauf une. Savez-vous pourquoi ? Pour toujours se souvenir de manger sainement. Alors elle laissa cette boite dormir dans son placard, et c'est depuis ce jour-là que, de chaumière en chaumière, on se raconte ce fabuleux conte de fées de la *Belle aux boîtes dormantes*.

Attendez, attendez, j'ai failli oublier ! Il se dit dans tout le royaume que la belle princesse se prit en main et se mit à cuisiner des produits frais, riches en vitamines et minéraux. Elle devint mince rapidement et retrouva le sourire et la santé. La princesse redevint belle et trouva le bonheur aux côtés de son prince. Ils vécurent ensuite heureux et se nourrirent d'amour et d'eau fraîche.

Peut-être pouvez-vous, comme cette princesse, faire le choix de manger des produits meilleurs pour la santé, de prendre du plaisir à cuisiner et savourer de délicieux mets faits maison.

En parlant de maison, permettez-moi de vous raconter cette histoire de mon enfance.

Lorsque j'étais beaucoup plus jeune, la tendance des mamans était d'organiser des réunions pour vendre des contenants en plastique.

Du haut de mes 5 ans, je regarde, amusé, ce spectacle qui se joue devant moi. Ma petite taille me permet juste de voir au-dessus de la table, toutes ces mamans si gentilles et aimables. Mes yeux curieux sont attirés par des objets dans un sac magnifique, ma maman pose alors sur la table tout un tas de petites boîtes en plastique. Il y en a de toutes les couleurs, des rouges, des vertes et des orangées. Il y en a de toutes les formes, des ovales, des rondes et des carrées. Tout le monde semble bien s'amuser avec ces petites boîtes pleines de vide, tout le monde sauf cette dame qui me rend triste quand je la regarde. Ma maman, ressentant ma peine, m'entraîne dans la cuisine et m'explique que cette dame achète toujours beaucoup de boîtes en plastique, et qu'elle sourit parfois et que cela dure très peu de temps. Elle m'explique rapidement que son chéri est parti avec une autre maman et que, depuis, elle est un peu triste et manque d'amour, alors elle cherche du réconfort et du sourire avec des amis, et achète plein d'objets vides. Alors je pose ces deux questions à ma maman : pourquoi les adultes achètent des boîtes vides ? Et la dame, c'est pour mettre ses pleurs et sa tristesse qu'elle achète autant de boîtes ?

Ce n'est qu'en grandissant que j'ai compris que cette femme essayait de compenser le manque d'amour qu'elle avait au plus profond d'elle et que le vide représentait son ressenti. Maintenant avec ce que je sais de l'hypnose, je sais qu'avec notre imaginaire on peut faire le plein d'amour et se sentir beaucoup mieux. Peut-être que vous aussi vous pourriez faire le plein d'amour d'ici quelques instants... Mais juste avant cela, permettez-moi de partager avec vous ce petit bout de ma vie.

Lorsque j'étais plus jeune j'adorais regarder l'émission *Ushuaïa Nature*, cela a donné l'envie à mes parents de continuer de me sensibiliser sur la nature, de m'acheter des livres contenant plein d'informations et d'anecdotes sur les animaux. Il y avait toutes sortes d'animaux, des guépards, des lions, des éléphants, mais aussi de nombreux animaux marins comme les phoques, les dauphins, les baleines. Mais l'animal aquatique dont j'aimerais vous parler est le poisson-globe. Ce poisson a la particularité de se gonfler dès qu'il a peur, alors dès qu'il ressent une peur, il se remplit d'eau jusqu'à devenir rond comme un ballon, ce qui empêche les prédateurs de le manger. Il y a bien évidement plusieurs sortes de poissons-globes, il y en a même qui ont des pics, c'est leur moyen de protection. Et nous avons tous nos propres moyens de protection… Souvent, j'aime à me rappeler que nous ne sommes ni plus ni moins que des animaux, et qu'il y a deux émotions qui nous font toujours réagir : la peur et l'amour. Peut-être pourriez-vous inconsciemment faire un geste d'amour envers vous, en vous libérant d'une peur ancrée en vous… Peut-être est-ce la peur d'être seul, la peur de manquer de quelque chose, de nourriture, ou d'amour. Laissez venir à vous en toute sécurité des images qui vous permettent de comprendre vos peurs, celles qui ont engendré une prise de poids ; visualisez les raisons inconscientes qui ont fait que vous avez pris quelques kilos, car il est temps pour vous de vous saisir de ce problème. En effet, plus vous trouvez en vous les raisons, les peurs inconscientes liées à cette prise de poids, plus le poing de votre main gauche se ferme, comme pour prendre votre problème en main… Et lorsque votre poing sera fermé vous serez prêt à vous libérer de vos peurs inconscientes liées à cette prise de poids. Allez-y, recherchez et trouvez en vous les raisons ainsi que les peurs inconscientes liées à votre prise de poids, et plus vous trouvez les raisons plus la main gauche se ferme, comme pour prendre votre problème en main. Très bien, recherchez en vous, au plus profond de votre être, là où les pensées se créent ; recherchez profondément en vous, là où vos émotions prennent naissance. Dès que je dirais le mot « amour », votre main gauche s'ouvrira et toutes ces peurs et ces raisons auront totalement disparu de votre esprit. Dès que votre main s'ouvre, toutes les peurs et les causes liées à votre prise de poids disparaissent de votre esprit, et cela vous permet de ressentir une grande légèreté et un grand bien-être dans tout le corps, dans tout l'esprit.

5. Apprêtez-vous à revenir ici et maintenant avec une énergie nouvelle et déterminé à prendre soin de vous.

4. Doucement, votre inconscient réorganise vos nouvelles ressources, et vous envoie fréquemment des messages d'amour.

3. Le conscient reprend sa place et l'inconscient la sienne.

2. Vous revenez progressivement avec le sourire en vous sentant merveilleusement bien dans votre corps et dans votre cœur.

1. Vous vous apprêtez à revenir avec tout ce bien être et très motivé à aller de l'avant. Votre inconscient vous guidera vers le premier pas à faire pour retrouver un nouvel équilibre alimentaire.

0. Vous revenez ici et maintenant avec le sourire, vous sentant merveilleusement bien.

Bonjour.

Prenez le temps de réveiller en douceur le patient, et laissez-lui le temps de recouvrer ses esprits… Ensuite, vous pouvez lui proposer un petit débriefing à chaud, lui demander comment s'est passée la partie visualisation avant la séance d'hypnose. Vous pouvez l'inviter à partager son ressentit, ce qu'il a vu, a apprécié, lui donner quelques conseils diététiques et surtout lui expliquer que son inconscient va travailler avec cette séance et qu'il se peut qu'il soit un peu plus fatigué ou bien au contraire très dynamique, et que s'il a la moindre question il ne doit pas hésiter à vous contacter.

Se remettre d'une agression

Utilisation : cette séance d'hypnose est spécialement faite pour toutes les personnes qui ont subi une agression physique ou et sexuelle.

Ce que je propose au travers de cette séance, ce n'est pas d'oublier, mais de laisser la douleur, la tristesse et la colère de côté pour avancer sur un chemin parsemé de moments de bonheur, de joie, et de permettre au patient de retrouver la confiance qui peut lui manquer. Le plus important dans ce type de séance est en tant que professionnel d'inviter le patient à en parler avec un psychologue, un psychiatre… J'insiste, c'est le patient la priorité. Nous ne sommes dans ce cas que des personnes qui accompagnent, aident le patient à aller mieux, et ce sujet-là, il est important de le laisser aux thérapeutes, médecins, psychologues, psychiatres dont c'est le métier. Il faut orienter le patient afin qu'il en parle aux forces de l'ordre, et quoiqu'il en soit respecter ses choix…

Invitez le patient à trouver une position qui permette au corps de se relaxer, de se détendre, de libérer tous les points de tension dans le corps, de respirer calmement.

Installez-vous confortablement et dès que vous êtes prêt ou prête à entrer dans une transe profondément agréable, vous pouvez simplement laisser vos yeux se fermer pour davantage de confort...

Je vous invite à garder les yeux fermés et à profiter de plus en plus de ce moment de légèreté, pour permettre à votre inconscient de partager avec vous de sublimes images, des sensations très agréables, entendre des sons mélodieux, un peu comme dans un rêve… Et pour cela, peut être pourriez-vous dès à présent prendre votre temps en vous concentrant sur votre respiration.

Prenez trois grandes inspirations et expirez lentement et profondément. Permettez à chaque expiration de vous libérer de plus en plus toutes les tensions dans le corps, pendant que chaque inspiration inspire de plus en plus de légèreté à votre esprit.

Et ressentez ce bien-être qui s'installe de plus en plus et de mieux en mieux dans tout le corps. Souvent, le fait de porter notre attention sur quelque chose qui se passe en nous, nous permet de constater que cela est bien réel, bien présent. Et vous pouvez être curieux ou curieuse de constater à quel point cet état peut être encore plus profond. Pour cela, il vous suffit de laisser quelques instants le corps se détendre, se poser délicatement.

Peut-être pourriez-vous savourer ce moment, profiter, pendant que les yeux sont fermés, pour ouvrir votre cœur à tout ce qui se passe en vous, dans votre monde inconscient, pour trouver progressivement une autre proximité avec cette autre partie de vous, pour vous rapprocher un peu plus de vous, (*chuchoter*) de cette partie authentique, débarrassée de tout superflu, de tout artifice, pour être simplement plus proche de vous, de votre vraie nature. Et à votre manière, à votre rythme, vous pouvez de plus en plus laisser tous vos sens se tourner progressivement en vous. Vous pouvez voir ce qu'il y a à voir, entendre ce qu'il y a à entendre, ressentir ce qu'il y a à ressentir, comprendre et changer à un niveau beaucoup plus profond... Chaque expiration libère de plus en plus de toutes les tensions dans le corps, cet état s'approfondit de plus en plus, qu'il est agréable de prendre soin de soi, de se sentir bien dans son corps et dans sa tête, et que cela doit être agréable de profiter de cette parenthèse, de cette bulle de légèreté pour entendre à nouveau en soi la mélodie du bonheur, de laisser de côté ses automatismes de trop, de laisser de côtés tous ses traumatismes, ses pleurs, ses angoisses, pour simplement être soi, se donner la chance de sourire, de vivre, d'être heureux, tout comme cela doit être plaisant de profiter de cette bulle d'oxygène pour retrouver votre souffle.

Peut-être pourriez-vous profiter de ce vent de légèreté pour imaginer un point sous vos paupières closes... ... Imaginez un point de la couleur de votre choix et observez-le attentivement... Ne le laissez surtout pas s'échapper avant d'être inconsciemment prêt à entrer profondément dans une transe très agréable. Observez ce point intensément. Vous pouvez imaginer que ce point est la porte vers votre monde intérieur. En effet, plus vous regardez ce point en entendant ma voix, plus le corps se détend ; et plus le corps se détend, plus cette introspection devient profondément agréable au point de constater que tous les bruits extérieurs peuvent se faire de moins en moins présents, tandis que vous avez conscience de ceux qui résonnent dans votre corps. Vos pensées vont et viennent. Les bruits de la respiration, les battements de votre cœur... Et l'extérieur s'éloigne de plus en moins puisque l'intérieur est prêt à se rapprocher désormais de plus en plus, et vous glissez confortablement dans un état de calme profond, dans une sublime transe. Vous permettez à tous les sens de se tourner encore plus vers l'intérieur de votre être afin de voir ce qu'il y a à voir, ressentir ce qu'il y a à ressentir, entendre ce qu'il y a à entendre...

Autorisez-vous d'être votre propre médecin, celui qui écoute avec son stéthoscope les battements du cœur... Oui, c'est bien l'amour le plus puissant des remèdes, et il vous faudra beaucoup d'amour et d'estime de vous pour changer, sans faire quoi ce soit, pour vous changer pour être un peu plus vous-même. Moi qui ai eu la chance de beaucoup explorer le monde, je suis convaincu que certains voyages nous font changer en profondeur. Peut-être est-il temps pour vous de continuer ce voyage en vous, de vivre de délicieux moments où votre sourire, à la manière du soleil, réchauffe et illumine les visages des gens qui vous entourent... Je vous invite à profiter de ce vent de légèreté caché derrière chacun de mes mots.

Alors qu'à chaque expiration votre corps devient deux fois plus légèrement lourd, votre esprit devient deux fois plus léger, comme posé en toute sérénité sur un nuage de douceur. Peut-être pouvez-vous imaginer qu'une partie de vous fait un très beau voyage sur ce petit nuage délicat et très doux vers l'intérieur de votre être, là où les pensées sont créées avant même d'être pensées, là où sont créés vos ressentis, vos émotions… Cela doit être agréable de se rendre compte où sont cachés en soi toutes ces merveilles, ces trésors, ces ressources, tout comme il est aussi plaisant de partir à la rencontre de cette autre partie de soi, de voir et d'apprécier toutes ces étoiles en soi, tous ces espoirs qui illuminent votre monde intérieur. Alors qu'à chaque expiration les images, les sons, les sensations deviennent de plus en plus présentes, je vais me taire quelques instants pour vous permettre de vous émerveiller à parcourir votre monde inconscient sur ce nuage de douceur. Imaginez-vous voyageant en vous sur ce délicat et agréable nuage de douceur, vous pouvez partir à votre propre rencontre.

Alors que cet état continue de s'approfondir et que mes mots vous soufflent d'agréables souvenirs passés et à venir, peut être pourriez-vous continuer ce voyage en vous au pays de vos émotions, dans ce monde inconscient, car tout le monde est conscient qu'il a un conscient et un inconscient, et que notre inconscient n'est pas conscient de notre conscient, alors qu'inconsciemment cet état devient deux fois plus profond dès que vous entendez le mot « amour ».

En effet, dès que vous entendez le mot « amour », vous entrez deux fois plus profondément dans cet état, et les images, les sons, les sensations deviennent de plus en plus présents en vous, car l'amour est enfant de bohème, et que l'amour est un feu qu'il est important de conserver, et comme le dit si justement mon ami Antoine, tant que l'amour est là, ça va… Et l'on pourrait alors utiliser tous les mots du monde pour guérir les maux du monde car le langage du cœur est celui qui convient le mieux à l'amour, et l'amour est comme une caresse tendre qui sèche les larmes du passé, du présent et donne du courage pour l'avenir. L'heure est venue pour vous de vous faire ce présent, de devenir votre plus belle histoire, en vous laissant porter par cette petite histoire…

Je ne sais pas si vous connaissez cette version de la boîte de Pandore, mais peut être qu'une partie de vous pourrait se nourrir de cette histoire pour changer en profondeur… En effet, je pense que l'on a tous en nous, à un niveau très profond, une boîte magique, bien cachée de la conscience, une jolie boîte qui contient un précieux trésor. C'est un peu comme une boîte à jouets ou une boîte à mots, car elle contient des mots très doux, vos plus beaux mots-ments, des mots mé-mots-rables, et des maux douloureux qui font mal… Il arrive que parfois ces maux sortent au mauvais moment. C'est une partie de nous qui nous veut du bien qui gère tout ce qui entre, mais on peut choisir ce qui sort de cette boîte à souvenirs.

Vous savez, il est important de mettre des mots sur des maux et les mots dits, les mots mis sur un papier, par exemple, peuvent alors tranquillement s'en aller et vous libérer de tout le poids émotionnel, de toute la douleur, la tristesse… Et je me demande alors ce qui se passera lorsque vous vous serez entièrement libéré de tout ce dont vous avez à vous libérer ; que vous vous serez libéré de la douleur, que vous aurez libéré la parole, et dit ce que vous avez à dire ; lorsque vous aurez simplement laissé votre cœur parler, pour vous permettre d'avancer en toute confiance avec le sourire, de voir le bout du tunnel de retourner dans la lumière en empruntant le chemin de la résilience. Vous permettrez alors à votre corps, à votre esprit, à tout votre être de redevenir une terre d'accueil où fleurissent vos plus belles émotions, et cela passera peut-être par briser ces murs de terre et de larmes derrière lesquels vous vous êtes muré, comme pour cacher à votre âme, votre cœur et votre esprit certaines choses douloureuses que vous voulez oublier... Mais comment peut-on oublier quand on garde en soi la douleur, la tristesse ? Peut-être pouvez-vous permettre à ma voix d'être le guide bienveillant, ou l'ami bien présent qui vous aide à briser ces murs qui vous empêchent de vivre, de voir votre futur bonheur, de voir les magnifiques couleurs, de ressentir la chaleur d'un sublime lever de soleil sur une vallée pleine de vie, pleine de sens, et de trésors parfois cachés... Vous savez, je pense que le monde est tellement plus beau sans barrières, sans frontières. Peut-être alors pourriez-vous laisser ma voix vous aider à mieux entendre votre propre voix comme pour retrouver la vôtre... Vous savez, cette voix qui attend simplement que vous savourez à nouveau chaque silence, chaque moment de paix et aussi qui attend tout comme vous de vous voir sourire, de vibrer de plus en plus au son de la mélodie du bonheur, et c'est la bonne heure pour vous de vous offrir ce cadeau de vie, que vous seul pouvez décider de prendre, en recherchant en vous où est située cette boîte de Pandore... (*Chuchoter*) Enfant, n'avez-vous jamais creusé la terre en espérant y trouver un trésor ? Et si ce trésor était là, en vous ? Recherchez en vous cet endroit où sont stockés ces douloureux souvenirs, et visualisez cet endroit sous la forme d'une jolie boîte à souvenirs ... Imaginez, visualisez cette boîte à souvenirs... Et dès que vous êtes prêt ou prête à aller mieux, vous pouvez simplement ouvrir cette boite et en retirer délicatement une plus petite version de vous, de la taille d'une poupée. Observez bien cette petite version de vous, regardez chaque détail : ses habits, l'expression de son visage, peut-être a-t-elle des bleus, des blessures visibles ou invisibles...

Prenez le temps de bien l'observer, et ressentez ce lien qui vous unit juste avant de la guérir et que ça change en vous, que ça aille beaucoup mieux, que ça vous libère de cette douleur, cette tristesse, cette colère, de ces larmes et de tout ce dont vous avez à vous libérer... cela peut-être des images, des sons, des sensations, ou des interprétations... Laissez simplement partir ce qui doit partir...

Prenez délicatement cette petite version de vous entre vos mains, et parlez-lui. Dites-lui ce que vous avez à lui dire pour la rassurer. Emmenez-la dans un endroit où vous allez pouvoir la soigner…

Et dès que vous êtes prêt ou prête à aller vraiment mieux, récupérez ce dont vous avez besoin pour soigner cette personne, cette partie de vous…

Allez-y soignez-la, et ressentez comment au fur et à mesure ça change en vous, ça va de mieux en mieux… …

Profitez de ce moment pour soigner cette partie de vous, et laissez les peurs, la colère et les pleurs s'en aller de plus en plus pour laisser la place à la joie, la bonne humeur, l'amour et le bonheur à venir… Laissez un sentiment de résilience grandir de plus en plus en vous. Une nouvelle force vous accompagne, vous porte, et vous aide à relever la tête, courageusement puis fièrement.

Observez ce visage qui change, qui sourit de plus en plus… … Peut-être pouvez-vous vous souvenir d'un moment très positif de votre vie, d'un moment rempli de joie. Rappelez-vous ce moment de joie et où il se manifestait dans le corps, souvenez-vous à quel point cela est agréable... Et laissez ce ressenti, ce sentiment très positif, joyeux et rempli d'amour être de plus en plus présent en vous et se diffuser de plus en plus à chaque inspiration dans chacune de vos cellules, dans chaque partie de votre être, dans chacune de vos pensées.

Et plus vous inspirez, plus vous ressentez un sentiment très positif, rempli de joie et d'amour grandir dans votre corps, dans vos pensées et vous vous sentez de mieux en mieux. Vous retrouvez un nouveau souffle qui vous transporte, qui vous permet d'avancer l'esprit léger, apaisé, avec un état d'esprit très positif…

Voilà, très bien … et lorsque vous sentez que c'est le moment, que cette partie de vous est apaisée, en paix, permettez à celle-ci de retourner avec le sourire aux lèvres dans votre boîte de Pandore, et laissez-la continuer à diffuser un ressenti très positif, de la joie de vivre dans tout votre corps et dans chacune de vos pensées…

Juste avant de revenir ici et maintenant changé, vous sentant merveilleusement bien, je vous invite à vous visualiser d'ici quelque temps, vous sentant merveilleusement bien, épanoui, souriant, avec une grande joie de vivre très communicatrice… Vous partagez avec vos amis, des personnes de votre famille, des moments très agréables et de complicité. Tout votre entourage vous félicite, constate ces changements ne vous et remarque à quel point vous êtes de nouveau rayonnant. Profitez de ce moment pour vous, pour vous voir d'ici quelque temps et pour construire votre bonheur.…

À partir de maintenant, votre parole est libérée, vous dites ce que vous avez à dire, et jour après jour vous retrouvez confiance en vous, vous vous sentez plus fort et plus beau à la fois.

À partir de maintenant, vous prenez plaisir à prendre soin de vous, à vous réapproprier votre corps, vos pensées, et vous vous sentez de plus en plus beau de l'intérieur.

À partir de maintenant cette douleur, ces blessures, sont du passé, c'est dépassé et vous avancez vers votre bonheur, le cœur et l'esprit légers.

5 : votre inconscient va continuer de réorganiser vos ressources intérieures pour vous permettre de vivre pleinement l'instant présent, libéré de la douleur du passé, et d'avancer le sourire aux lèvres vers votre bonheur.

4 : apprêtez-vous à revenir ici et maintenant avec un état d'esprit très positif, plein de joie avec une envie de vivre pleinement votre nouvelle vie.

3 : un sourire illumine de plus en plus votre visage au fur et à mesure que vous vous réveillez.

2 : vous vous apprêtez à revenir ici et maintenant parfaitement réassocié au mot « amour », rempli de joie et d'un état d'esprit très positif.

1 : vous revenez de plus en plus ici et maintenant, et vous vous sentez vraiment très bien dans votre corps.

0 : vous pouvez rouvrir les yeux et revenir ici et maintenant, le cœur et l'esprit remplis de joie et d'amour.

Prenez soin de vous !!!

Bonjour.

Prenez le temps de réveiller en douceur le patient, et laissez-lui le temps de recouvrer ses esprits… Ensuite, vous pouvez lui proposer un petit débriefing à chaud, l'inviter à partager son ressenti, ce qu'il a vu, a apprécié… Vous pouvez aussi lui expliquer que son inconscient va travailler avec cette séance et il se peut qu'il soit un peu plus fatigué ou bien au contraire très dynamique, et que s'il a la moindre question, il ne doit pas hésiter à vous contacter. Le plus important sur ce type de séance est d'éviter absolument de parler de l'agression, de chercher à savoir le pourquoi du comment… Restez dans la bienveillance, l'accompagnement, et remettez-lui une petite feuille ou carte avec les numéros utiles.

Séance d'hypnose pour trouver facilement le sommeil

Utilisation :

Cette séance est spécialement faite pour un enregistrement audio, afin de réhabituer progressivement le patient à trouver le sommeil en l'écoutant à heures régulières. Elle peut être utilisée en complément d'une séance plus personnalisée, avec un travail sur la cause des insomnies.

Bonjour, j'ai voulu partager avec vous cette séance d'hypnose pour deux raisons qui me semblent essentielles, la première est que celle-ci vous permettra de facilement trouver le sommeil, la seconde est le plaisir que j'ai éprouvé à l'écriture de celle-ci. Je ne vais pas m'étaler sur les bienfaits du sommeil sur la santé psychique et physique, et je me dis que si vous écoutez cet audio ce n'est certainement pas dans ce but. Je préfère simplement vous conseiller d'éteindre ou de diminuer fortement la lumière dans la pièce où vous vous apprêtez à dormir, et de vous couvrir avec une couverture pour plus de chaleur… L'idéal est de déjà se sentir bien.

Juste avant d'entrer dans un état très agréable et confortable que l'on appelle la transe hypnotique, je vous demande de vous assurer d'être installé dans un endroit au calme et de privilégier une position confortable. Afin d'amplifier le côté agréable ainsi que la profondeur de cette séance, je vous invite à faire de cette séance la vôtre en l'écoutant de préférence avec des écouteurs. Pour plus d'efficacité, je vous conseille de ne pas fermer les yeux consciemment, mais d'attendre simplement d'ici quelques instants que vos paupières s'abaissent inconsciemment lorsque votre corps sera détendu... Il me paraît important, avant d'entrer en état d'hypnose, de savoir si vous préférez entrer profondément en transe, ou si vous voulez entrer à votre rythme dans une transe moyennement profonde d'ici quelques instants.

Je vous invite à vous détendre à chaque expiration en relâchant les tensions dans le corps, et de laisser chaque inspiration vous apporter une agréable légèreté. Vous pouvez peut-être dès maintenant permettre à vos yeux de se poser avant qu'ils ne se ferment d'ici quelques instants, dès que vous serez prêt à entrer profondément en transe. Vous avez alors le choix de laisser ma voix être le guide bienveillant qui vous amènera sereinement, avec sensibilité et douceur vers un sommeil profond et réparateur, et pour cela je vous invite à trouver un point de votre choix. Un point proche de vous, cela peut être aussi une petite source lumineuse... Prenez le temps de vous concentrer sur ce point ; observez-le attentivement, contemplez sa forme, sa couleur, appréciez sa proximité... Ses bords sont-ils lisses ? Rugueux ? Vous pouvez imaginer que ce point est le point d'entrée vers votre monde intérieur. En effet, plus vous regardez ce point, plus les yeux se ferment ; et plus les yeux se ferment plus le corps devient agréablement léger, libre de toute pesanteur...

Vous savez, le fait de fermer les yeux lorsque l'on entre en état de transe permet de faire cette introspection qui va décupler tous nos sens. Vous pouvez alors imaginer que tous vos sens se tournent vers votre monde et inconscient pour vous permettre de mieux voir ce qu'il y a à voir, de mieux entendre ce qu'il y a à entendre, de mieux ressentir ce qu'il y a à ressentir, et comprendre ce qu'il y a à comprendre.

Alors que vous entendez ma voix, que vous êtes détendu, que vous respirez calmement et que ce bien-être continue de s'approfondir à chaque expiration, on peut se poser la question demander qui, de la partie consciente ou inconsciente, fera un agréable voyage au pays de Morphée ; juste le temps d'un battement d'aile de papillon, d'une petite parenthèse dans votre vie, prenez le temps de vous perdre pour mieux vous retrouver… Alors que le corps continue de détendre, vous pouvez parfois avoir l'impression que mes histoires sortent de contes de fées ou de contes des faits et qu'elle sont peut-être là pour délicatement vous bercer comme savent le faire tous les parents… Sachez que derrières les mots il peut y avoir d'autres mots… et que même si une partie de vous croit tout savoir et que l'autre sait tout, nous savons vous comme moi que pendant que cet état s'approfondit, c'est vous qui avez le choix de rendre cet état deux fois plus profond à chaque fois que vous entendez le mot « rêver ». Dès que vous entendez le mot « rêver », vous multipliez par deux cet état profond de bien-être. En effet, il est important de rêver pour avoir envie d'avancer, et bien sûr rêver permet de se sentir en vie, rêver permet aussi de vivre des histoires fantastiques, qui n'ont pour limite que notre imaginaire. La vie d'adulte nous vole parfois notre insouciance, et rêver permet à cet enfant enfoui à l'intérieur de nous de vivre, de s'exprimer en toute liberté… Et peu importe le temps dans cet espace-temps, prenez juste le temps de prendre votre temps, de laisser cette féerie continuer de s'installer, de vous apporter en toute sécurité sa magie et ses bienfaits ; et vous pouvez laisser chaque songe de côté et posé à la manière d'une veilleuse dans l'endroit où vous vous endormez.

Vous comme moi nous connaissons ces histoires à nous rendre un peu chèvre à compter les moutons, ou à attendre que le marchand de sable se présente aux pieds de notre lit… Nous connaissons tous des histoires à dormir debout, mais pour ma part je préfère vous raconter une histoire de mon enfance dans laquelle vous allez pouvoir vous reconnaître.

D'aussi loin que je me souvienne, j'ai toujours su qu'il fallait que je partage un peu de mon âme pour aider les personnes qui comptent pour moi. Alors juste avant de dormir, permettez-moi par cette histoire de vous prendre par la main et de vous offrir ce moment hors du temps. C'est un beau matin de printemps, je ne suis qu'un enfant baignant dans le bonheur de l'instant. Mes parents nous ont offert un petit bâton de plastique, aux pouvoirs magiques… Il y a dans ce contenant coloré tous les rêves des enfants, de Mary Poppins à Peter Pan. Je suis sûr que vous aussi vous avez déjà eu ou vu ce petit contenant, je suis sûr que vous aussi avez déjà essayé de saisir au moins une fois dans vos mains ces bulles de savon qui s'envolent dans le vent. Prenez un peu de temps pour vivre à mes côtés ce souvenir. Ou laissez peut-être ce qu'il y a de beau en dessous venir et vous rappeler un instant similaire où, enfant, vous preniez plaisir à faire de magnifiques bulles de savon. Ce matin-là, il fait beau, il y a un peu du soleil qui se montre derrière les reflets de chaque feuille des arbres fruitiers, des roses, les marguerites s'habillent d'une robe blanche immaculée que vient sublimer en son centre un magnifique soleil… Je cours, je marche, je saute en l'air, puis je cours pieds nus sur une herbe verte presque aussi douce qu'un tapis… Je profite d'une agréable symphonie où le vent caressant les feuilles donne la rythmique aux chants des oiseaux. Avec mon frère et ma sœur, on joue, on se chamaille comme d'habitude, on vit, comme des enfants…. Je mon souviens que mon frère poussait ma sœur sur la balançoire quand papa est arrivé. Régulièrement, il nous surprenait en nous ramenant des cadeaux de son travail. Ce jour-là, il nous donne à chacun un tube, très coloré avec de très beaux dessins de personnages animés. Dessus, on peut y trouver un petit casse-tête, où il faut diriger une toute petite bille pour la conduire dans un tout petit trou. C'est très plaisant, et il y a pourtant plus intéressant : le rêve, la magie à la portée de mes petits doigts d'enfant…

Je souffle pour former mes premières bulles de savon… Il y en a des dizaines qui flottent autour de nous, je les regarde s'envoler, avec douceur s'abandonner à ce léger vent… Peut-être que je dois remercier le vent d'emmener dans mon esprit ces petites bulles arc-en-ciel aux côtés des nuages, ou chatouiller les pieds de ces gens qu'on aime et qui sont au Ciel…

Je me dis qu'avec de l'imagination, on peut déposer dans ces bulles tous nos secrets et les laisser s'envoler vers les cieux, y déposer nos sentiments les plus tristes et les plus joyeux, les mots les plus précieux pour les cacher là-haut… Ce qu'il y a de beau, ce sont toutes ces couleurs de l'arc-en-ciel qui se meuvent à la surface de cette bulle. Vous savez, ces mêmes couleurs portées par le crépuscule et par l'aurore… Et cela fait partie des choses les plus belles que je connaisse. C'est un peu comme si, à l'extérieur de cette bulle, on pouvait passer des prémices de la nuit aux étincelles du petit matin, tout en baignant dans un moment de rêve empreint de légèreté, alors qu'à l'intérieur il règne un calme plat, une grande tranquillité… J'imagine qu'il n'y a alors qu'une seule chose à faire : se laisser porter, voyager et s'émerveiller à rêver…

Peut-être est-il temps de souffler un peu et de laisser vos pensées négatives s'envoler dans des bulles de savon… De prendre le contrôle de vos pensées en faisant le choix de les laisser simplement s'envoler le temps d'un agréable sommeil qui continue de s'installer. Imaginez que vous mettez des mots, des émotions, des sensations, des images qui vous empêchent de dormir dans des bulles de savon qui s'envolent. Et dès à présent, alors que vous êtes calme, que vous respirez calmement, que vous entendez ma voix, que votre corps est détendu, votre inconscient met dans des bulles vos pensées, et vous glissez facilement dans un sommeil profondément agréable à chaque inspiration. Il est si agréable de se reposer suffisamment, de faire de beaux rêves, de récupérer physiquement, alors que vous laissez votre inconscient vous endormir sans faire quoi que ce soit d'autre que de vous laisser aller, de laisser venir d'agréables images, sensations, sons et continuer de plus en plus à entrer dans un monde de rêves. Vous y entrez de plus en plus, et cela devient de plus en plus confortable...

Dès à présent, vous pouvez peut-être imaginer que vous êtes à l'intérieur d'une bulle qui s'envole de plus en plus haut, et que plus vous expirez, plus cette bulle s'envole. Et plus cette bulle s'envole, plus votre corps devient léger, très léger... ... C'est un peu comme si votre corps était à l'intérieur de cette bulle qui vous emmène vers une destination de rêve. Et chaque expiration vous permet de vous sentir léger et de rêver toujours un peu plus

Vous pouvez déjà voir des formes se former et se déformer, des paysages se dessiner, qui n'ont pour limite que votre imagination, et tous vos sens se tournent encore plus vers l'intérieur de vous, et vous êtes de plus en plus comme dans un rêve. Vous avancez de plus vers de très beaux rêves tandis que votre corps est très agréablement léger, et d'ici quelques instants vous pourrez profiter totalement de ce bien-être, vous vivrez pleinement ces agréables sensations et verrez de merveilleuses images comme dans un rêve, lorsque ma voix laissera la place au silence....

Séance maladie de peau

Utilisation :

Séance pour diminuer les problèmes de peau, les démangeaisons, et qui permet aussi de travailler sur la partie émotionnelle responsable de crises de démangeaison ou de l'apparition de boutons ou de plaques.

Vous le savez, la peau est le miroir de nos émotions, elle vibre sous les caresses, rougit sous les compliments, que l'on ait mal, chaud ou froid, elle transmet une très grande quantité d'informations à notre cerveau... C'est aussi une barrière qui sépare le monde extérieur de celui de l'intérieur. Les différentes agressions extérieures peuvent blesser notre peau, je pense entre autres aux produits chimiques, mais notre état interne, nos sentiments influent aussi sur la beauté de notre peau, sur sa couleur : par exemple, une personne qui est heureuse rayonnera de bonheur et aura une très belle mine.

Installez-vous le plus confortablement possible. Le plus important à cet instant c'est que vous soyez le plus détendu possible. Vous pouvez peut-être commencer par prendre trois grandes inspirations et laisser chacune d'entre elles vous détendre afin de plonger au plus profond de votre relaxation.

Prenez le temps de laisser votre regard se poser quelques instants, pour cela vous pouvez peut-être choisir un point sur un mur ou sur le plafond, suivant la manière dont vous vous êtes installé. Observez ce point avec une très grande attention : attachez-vous à sa forme, sa proximité, sa couleur, son aspect... Et alors que vous regardez ce point, que vous entendez ma voix, que votre corps se détend, plus vous observez ce point, plus les paupières deviennent lourdes, et plus les paupières deviennent lourdes et que vos yeux se ferment inconsciemment, plus vous entrez dans une transe profondément et agréable. Vous êtes peut-être curieux d'apprendre que, d'ici quelques instants, lorsque vos paupières se fermeront, vous plongerez alors deux fois plus agréablement, deux fois plus profondément, à l'intérieur de votre être, de votre monde inconscient, tandis que votre corps sera deux fois plus détendu.

Comme vous le savez, tout le monde est conscient de sa partie consciente, mais pas de son inconscient ni de son subconscient, alors peut-être inconsciemment préférez-vous entrer dans votre subconscient et laisser l'inconscient se rapprocher un peu plus à chaque respiration, lente et profonde, et lentement glisser profondément dans un état profondément agréable. Chaque mot, chaque silence vous accompagne de plus en plus vers cet état très agréable de bien-être, et les images, les sons, les sensations, sont de plus en plus proches de vous, alors que continue de s'installer une légère pesanteur dans votre corps.

Vous pouvez alors imaginer que tous vos sens se tournent vers votre monde intérieur, afin de faire tout ce que vous avez à y faire. Vous pouvez alors, en plus de profiter d'un grand moment de bien-être, voir tout ce qu'il y a à voir, entendre tout ce qu'il y a à entendre, ressentir tout ce qu'il y a à ressentir. Vous êtes au bon endroit au bon moment pour comprendre ce qu'il y a à comprendre et décider de changements puis naturellement les mettre en place…

Vous pouvez imaginer que cet état d'hypnose qui continue de s'installer est bien plus que de la simple relaxation, que cet état qui continue de s'installer vous permet, bien au-delà des métaphores, de faire peau neuve…

Comme vous le savez, certaines choses, certains sentiments qui sont intérieurs se manifestent, se voient de l'extérieur. Peut-être est-il temps pour vous, pour les gens que vous aimez, de faire ces changements intérieurs.

Il est important de céder pour pouvoir s'aider, et de panser les maux avec des mots quoi qu'on en pense.

Peut-être pourriez-vous laisser ma voix simplement être votre guide sur ce petit voyage si grandissant, et laisser naturellement le vent du changement vous caresser, puis tout en douceur vous amener là où vous le voulez ; de laisser chacune de mes phrases être comme des notes sur la partition de la mélodie du bonheur. Il y a tant de choses à voir, à vivre, libéré de certaines choses superflues. Il est si important de prendre soin de soi, d'être et de demeurer en bonne santé, qu'une partie de vous, peut-être même les deux, veulent se libérer, se changer, positivement. Vous pourriez alors simplement laissez votre conscient faire une magnifique balade tandis que votre inconscient pourrait rester ici. Et tandis que vous m'écoutez, que vous respirez calmement, vous plongez encore plus profondément en vous, vous sentant merveilleusement bien. Vous pouvez dès à présent choisir d'entrer dans une transe agréablement profonde, ou profondément agréable ?

Vous pouvez imaginer que je serai une simple voix qui murmure à votre âme le chemin de la guérison ou du changement…

En effet, je me dis qu'il est peut-être temps d'arrêter d'être vache avec vous-même. Il est possible qu'une partie de vous cherche à vous transmettre un message, ou bien à avoir votre peau. En tout cas, vous êtes ici au bon endroit au bon moment pour trouver le chemin de la rédemption, celui qui vous permettra de faire peau neuve, de revenir rayonnant.

Comme vous le savez, il est important de prendre soin de soi, tout comme il est vrai que certains mots peuvent guérir d'autres maux. On pourrait facilement penser à des jeux, mais de vous à moi, si ces « je » étaient des « vous », que changeriez-vous dès à présent ou dès votre réveil, alors que cet état devient deux fois plus profond à chaque inspiration ?

On pourrait penser que l'on tourne autour du pot, mais je vous propose beaucoup mieux : de découvrir le pot aux roses, afin de voir si certaines de ces roses ne sont pas fanées ou auraient perdu de leur beauté… À moins que ce ne soit le pot qui soit un peu fragilisé à la suite d'événements qui vous auraient marqué, ou stressé. Je vous propose à un niveau inconscient de trouver les raisons de votre problème de peau. Recherchez bien toutes les raisons, toutes les causes aussi. Dès que cela est fait je vous invite à trouver une solution inconsciente, une solution qui vous permette de vous libérer de votre problème ; et dès à présent, alors que vous trouvez cette solution, le pot se répare et devient de plus en plus magnifique ; et plus le pot se répare, plus vous faites peau neuve, et vous vous sentez de mieux en mieux à chaque inspiration… …

Vous savez, le corps humain est très bien fait : on a tous à l'intérieur de nous un réservoir de capacités dont on ignore la limite. Certaines personnes trouvent le chemin de la guérison sans aucune raison apparente. Moi, je pense que le fait de vouloir faire en sorte que ça change, de se sentir bien dans sa peau et dans son corps, nous préserve des maladies et que l'inverse l'est tout aussi. Je crois que le cerveau a la capacité de mettre en place des changements à l'intérieur de nous qui nous permettent de guérir.

Et vous, vous possédez aussi cette capacité à vous auto guérir : de guérir tout ce qu'il y a à guérir, de vous libérer de ces émotions, ces images qui vous collent à la peau... Imaginez-vous toutes les parties de votre peau que vous souhaitez soigner, visualisez-les ; imaginez que votre peau est comme une plage qui a subi le tsunami le 2004. Voyez les habitants restaurer cette plage, lui redonner sa beauté naturelle, retirer tous les déchets, les arbres morts, les sacs plastiques... Aidez la population à enlever ces petits bouts de maisons en bois, et ressentez en vous ces changements qui ont lieu au-delà des métaphores. Observez les camions qui viennent transporter les éléments lourds, et voyez, un peu plus loin dans les fossés, il y a certaines choses enfouies qui sont remontées à la surface. Il est temps pour vous de tout nettoyer en profondeur, et de faire de cette plage un magnifique paradis...

Faites ce nettoyage bien au-delà des métaphores, bien au-delà des images, ressentez tout ce travail intérieur qui se voit à l'extérieur. Ressentez comme cela change en vous, car une partie de vous peut décider de changer à présent, et vous construisez de magnifiques maisons proches de la plage avec des fondations solides, qui résistent à tous les climats, des maisons en parfait accord avec les goûts de la belle personne que vous êtes ... Tant et si bien que tout ce bien-être, ce nettoyage, se voit à l'extérieur, vous faites peau neuve... Vous savez, l'inconscient a bien des façons de transmettre des messages. Prenez le temps de comprendre le message, d'où provient votre tempête, pourquoi elle est apparue... Et au fur et à mesure, pendant que cela change en vous, vous comprenez le sens, et découvrez l'origine de cette tempête. C'est comme si, à un niveau inconscient, vous aviez décidé de changer afin d'améliorer les éléments de votre vie qui doivent être améliorés. C'est comme si, à un niveau inconscient, vous vous libériez dès à présent de certaines émotions qui vous collent à la peau. Maintenant, votre inconscient active le processus d'auto-guérison en imaginant plein de petites personnes à l'intérieur de vous qui vous soignent avec leurs outils. Ressentez ce changement qui vous parcourt, qui soigne la peau. Ressentez sous la peau cette guérison qui se diffuse, alors qu'en même temps, une agréable sensation de plénitude, de bien-être, d'harmonie vous parcourt. Cela vous libère et devient de plus en plus agréable.

Vous trouvez jour après jour un bel équilibre avec vos émotions ; vous vous sentez de plus en plus positif ; vous profitez pleinement de ce sentiment de liberté.

Peut-être pourriez-vous imaginer une couleur très positive, tout autour de vous. Prenez le temps d'inspirer cette couleur positive, une couleur de votre choix, pleine d'énergie et de pensées positives.

Et alors que vous êtes détendu, que vos yeux sont fermés, que vous entendez ma voix, vous ressentez toute cette énergie positive se diffuser de plus en plus dans chacune de vos cellules, dans chacune de vos pensées, toute cette couleur et cette énergie positive se diffusent de plus en plus à chaque inspiration. Et plus vous inspirez cette couleur, plus vous vous libérez de toutes énergies négatives, vous vous libérez de toutes les émotions trop tristes. Cela vous fait un grand bien. À chaque inspiration, vous ressentez toute cette énergie positive, toute cette couleur positive vous déborde au point que ce qui est intérieur se voit à l'extérieur, et tandis que vous baignez dans cette couleur positive et que vous ressentez en vous tous ses bienfaits, vous formez une bulle de protection aux couleurs très positives…

Cette bulle de protection laisse entrer en vous les énergies positives et vous permet d'être ancré confortablement et agréablement dans le cycle de la vie, où l'on donne naturellement et où l'on reçoit tout aussi naturellement. Et votre bulle de protection arrête définitivement les énergies négatives qui repartent dans le néant, complètement hors du temps. À partir de maintenant, vous êtes définitivement dans cette bulle de protection que votre inconscient, qui souhaite le meilleur pour vous, a à cœur de conserver et d'utiliser tous les jours, et cela afin de ne plus être ni influencé, ni touché par les éléments négatifs.

Vous continuez alors de vous émerveiller des éléments, des émotions positives, qui font du bien à votre âme et au plus profond de votre être. Cela se voit tous les jours sur votre visage qui rayonne de bonheur, de bien-être et de beauté.

Je vous invite à vous visualiser d'ici quelque temps avec une très belle peau, vous sentant merveilleusement bien ; vous avez le sourire, vos amis vous font des compliments et cela vous fait plaisir, et vous prenez beaucoup plus de plaisir à être et à vivre en harmonie avec vos émotions.

À partir de maintenant, vous vous sentez beaucoup plus calme et détendu, libéré du stress, et de tout ce dont vous aviez à vous libérer.

À partir de maintenant, vous voyez votre vie de manière beaucoup plus positive, et vous vous sentez en parfaite harmonie avec la sublime personne que vous êtes.

À partir de maintenant, les démangeaisons c'est terminé.

À partir de maintenant les problèmes de peau c'est du passé, vous vous affirmez et dites ce que vous pensez, et ce que vous avez sur le cœur.

Mais avant de revenir déjà changé au compte de zéro et vous sentant merveilleusement bien, votre inconscient continue de réorganiser vos nouvelles ressources internes afin de faire peau neuve, de profiter de votre vie.

5 : apprêtez-vous à revenir, vous sentant merveilleusement bien.

4 : vous êtes libéré de toutes les douleurs.

3 : vous vous apprêtez à revenir avec le sourire, vous sentant très léger.

2 : le conscient reprend sa place et l'inconscient la sienne.

1 : alors que ça continue de changer en vous, vous en profitez pour revenir rempli d'énergie positive, avec le sourire et vous sentant très très bien dans votre peau.

0 : vous pouvez revenir avec le sourire, plein d'énergie positive et parfaitement réassocié.

Bonjour.

Prenez le temps de réveiller en douceur le patient, et laissez-lui le temps de recouvrer ses esprits. Ensuite vous pouvez lui proposer un petit débriefing à chaud, l'inviter à partager son ressenti, ce qu'il a vu, a apprécié… Vous pouvez lui conseiller malgré tout de voir ou de continuer à être suivi par un dermatologue, ou son médecin, lui expliquer aussi que son inconscient va travailler avec cette séance et qu'il se peut qu'il soit un peu plus fatigué, ou bien au contraire très dynamique, et que s'il a la moindre question, il ne doit pas hésiter à vous contacter.

Séance d'hypnose pour trouver le courage au quotidien

Utilisation :

Cette séance est très utile pour les personnes qui ont du mal à faire face à toutes leurs responsabilités, après avoir fait un rapide entretien, étudié différentes possibilités et solutions pour alléger sa charge de travail (toujours rester dans la proposition), mettre en place cette séance qui prendra effet dès la fin de séance. Cela aura modifié la posture du patient et l'expression de son visage.

Prenez un moment pour vous installer dans une position confortable, dans un endroit calme. Vous pouvez faire le choix de vivre cette séance avec des écouteurs afin que nous soyons plus rapidement dans une bulle de bien-être propice à la mise en place de changements intérieurs.

Dès que vous êtes prêt à entrer en état d'hypnose, vous pouvez facilement laisser vos yeux se fermer et permettre à votre inconscient de voir de sublimes images, d'explorer d'agréables sensations, de partir à la rencontre de cette petite voix à l'intérieur de vous, et surtout de vous ouvrir les portes d'un tout autre monde, un monde beaucoup plus sensible aux faits et au contes de fées. Car en réalité tout ce qui fait la magie de cette séance c'est vous, votre envie de voyager et de changer en vous. Peut-être pourriez-vous trouver le courage de laisser ma voix se faire l'écho de votre cœur, ou être comme un murmure que l'on peut parfaitement entendre au milieu d'un bruit diffus, une simple voix qui vous accompagne afin de mettre votre cœur à l'ouvrage.

Il vous suffit alors de prendre le temps, d'en être à la fois le maître et l'élève : en être le maître en figeant le temps, et en être l'élève en prenant ce temps ; du temps pour vous détendre et apprendre, apprendre à vous détendre en vous concentrant par exemple sur votre respiration.

Prenez trois grandes inspirations et permettez à chaque expiration de vous libérer de plus en plus de toutes les tensions dans le corps. Dès à présent laissez chaque respiration vous détendre de plus en plus, vous apporter une très grande décontraction dans tous les muscles.

Vous avez la possibilité de laisser toutes les mauvaises énergies, les pensées négatives disparaître à chaque expiration, simplement en les soufflant à l'extérieur du corps, et de permettre à chaque inspiration de vous recharger en énergies et en pensées positives.

Vous êtes peut-être ravi et surpris de constater à quel point cette relaxation qui s'installe devient de plus en plus intense à chaque respiration. Cela doit être agréable de se laisser allez, de se sentir bien, de prendre du temps pour soi, de respirer librement, en laissant quelques instants le corps se détendre, se poser avec élégance et légèreté pour se trouver à fleur, entre deux états, deux mondes totalement différents... C'est un peu comme une plume duveteuse qui viendrait avec une infinie délicatesse se poser sur l'eau, pour se surprendre à faire un magnifique voyage, sans faire quoi que ce soit si ce n'est se laisser « transe... porter », portée par le souffle de mes mots, portée par ce courant en dessous de la surface, un courant beaucoup plus profond, tel une deuxième voie, un autre chemin, alors qu'intérieurement, ça commence à changer pour vous permettre d'être un peu plus vous.

Et afin d'entrer encore plus à l'intérieur de vous, je vous invite dès à présent à imaginer un point sous vos paupières closes. Imaginez et observez attentivement ce point, ne le laissez surtout pas s'échapper avant d'être inconsciemment prêt. Observez ce point intensément. Vous pouvez imaginer que ce point est la porte vers votre monde intérieur. En effet, plus vous regardez ce point en entendant ma voix, plus les muscles se relâchent... Et plus les muscles se relâchent, plus l'esprit devient léger. Et plus l'esprit devient léger, plus le corps se détend et devient légèrement lourd. Cela revient à imaginer que votre esprit est accroché à des ballons qui s'envolent dans le ciel alors que le corps devient légèrement lourd...

Petit à petit, cela devient si agréable, que tous les bruits extérieurs peuvent se faire de moins en moins présents tandis que vous avez conscience de ceux qui résonnent dans votre corps, tels que les bruits de la respiration qui s'harmonisent de plus en plus, ou les battements mélodieux et réguliers de votre cœur. Et l'extérieur s'éloigne peu à peu, puisque l'intérieur est prêt, à présent, à se rapprocher de plus en plus. Et vous glissez, confortablement, dans un état de calme profond, dans une transe délicieuse...

Vous savez, le fait de s'arrêter, de simplement respirer, peut parfois nous inspirer beaucoup plus que ce que l'on pense. On peut facilement trouver des idées, se recentrer sur soi, faire le choix de tourner nos sens vers l'intérieur de soi. Et tandis qu'une partie de vous est inconsciemment consciente de ce bien-être et de cette harmonie qui s'installent en vous, une autre partie de vous est consciente inconsciemment que plus vous entrez profondément en transe, plus vous êtes inconsciemment prêt à retrouver de très belles émotions qui vous permettent de surmonter chaque difficulté que vous présente la vie.

Vous savez, une légende dit qu'un battement d'ailes de papillon peut engendrer un typhon à l'autre bout du monde, alors il me plaît de croire qu'une main tendue, des mots doux qui font du bien au cœur et à l'âme, peuvent être à l'origine de changements pour ceux qui acceptent d'être aidés. Il n'y a alors qu'un pas à faire pour retrouver tout cet amour qui vous rend brave, qu'un pas pour avancer dans ce monde où la passion a pris le pas sur la raison, et même si le cœur a ses raisons que la raison ignore, vous avez bien raison d'écouter de plus en plus votre cœur, alors que cette détente continue de s'installer de plus en plus dans le corps et dans l'esprit.

On pourrait penser que toutes ces phrases ne mènent nulle part, mais la vérité est pourtant ailleurs : il faut parfois se perdre pour mieux se retrouver. Et même s'il n'est pas facile de se trouver à deux endroits en même temps, une partie de vous peut faire le choix de faire un sublime voyage tandis que l'autre peut rester là, à changer tout en douceur ce qu'il y a à changer, à laisser venir à vous de mélodieux sons, de sublimes images, de succulentes sensations comme dans un très beau rêve, qui vous change et vous apporte une douce lumière, sur hier et les présents à venir. Ces rêves où l'on vous parle d'amour, ces rêves riches d'espérance et saupoudrés de persévérance, où l'on s'autorise à décrocher la lune par amour…

On dit pourtant que la chance sourit aux audacieux. Moi, je pense qu'il faut parfois avoir l'audace de se donner une chance. Et vous pouvez vous offrir cette chance en multipliant cet état par deux à chaque fois que vous entendez le mot « amour ». À chaque fois que vous entendez le mot « amour » vous entrez deux fois plus profondément en transe, car le courage est amour, le courage est d'avoir suffisamment d'amour en soi pour se relever à chaque fois que l'on chute ; le courage est comme l'amour : il faut y croire pour commencer le trouver.

Il est important de garder en nous cette flamme, celle de la magie des mots, du pouvoir de ces idées nouvelles, que l'on peut voir sortir de cette terre, riche, fertile, pleine de ressources et d'envie, une terre d'une grande valeur, et d'une qualité qui laisserait naturellement de très belles idées germer en vous. Et je me demande quelle est l'idée qui vous permettrait d'avancer dans votre vie et qui va fleurir durant cette séance…

Comme vous le savez, il y des histoires qui ont la capacité de nous changer intérieurement, je pense à cette très belle histoire de vie, au bord de la Méditerranée, une terre restée sauvage où le vent qui souffle s'harmonise avec le chant des oiseaux pour nous délivrer une magnifique symphonie. Pays d'équilibre où la force de fougueux taureaux se mêle à l'élégance et à la course légère des flamants roses qui prennent leur envol. La mer et le temps s'évaporent, pour laisser place à ces champs de fleur de sel qui semblent jouer au milieu des rizières avec les couleurs du ciel. Cette histoire c'est hier, c'est aujourd'hui et demain. C'est bien plus qu'un souhait, un rêve ou une prière : c'est l'offrande du plus précieux des cadeaux un premier matin… Une magnifique jument de Camargue offre au monde ce tant attendu poulain, elle en a passé des lunes à veiller, à attendre, avec ce regard plein d'amour, de rêve et d'espérance. Aujourd'hui naît Cœur léger en toute liberté. On voudrait prendre le temps, et pourtant tout se passe très rapidement. Notre belle jument incite Cœur léger à se dépêcher, elle sait qu'il faut faire preuve de courage et aller vite car d'autres animaux sont aux aguets. La belle jument montre la voie à son poulain, elle le redresse, l'invite à se tenir droit et fier… Mais il tombe, il se relève, il retombe… Ses pattes sont encore frêles, mais il continu, continu encore et encore, malgré la peur, et les doutes il écarte ses pattes pour trouver une position stable, ça y est, il tient debout, il doit marcher aux côtés de sa maman, il fait ses premiers pas, il tombe, se relève, retrouve l'équilibre, et retombe… Puis à force d'essayer, il marche, il trotte puis il court crinière au vent, sous l'œil fier et bienveillant de sa maman, et le regard amusé puis étonné des rossignols philomèles et des hérons crabiers…

Vous savez, l'appréhension est nécessaire au courage, le plus important est de comprendre, de se relever et de garder l'espoir, car le courage est une flamme à l'intérieur du cœur que nous avons tous en nous et qui permet de surpasser nos appréhensions et nos peurs…

Vous serez peut-être intéressé d'apprendre que non loin de là, par cette belle matinée de printemps, une cigogne blanche et son petit s'apprêtent à quitter leur nid. Le cigogneau se prépare pour son 1er vol. Il hésite, semble tétanisé… De ses ailes encore duveteuses par endroits, frêles et fragiles, il tourne, hésite, sent son cœur battre, il ressent une grande émotion, une force intérieure, une énergie qui part de son cœur… Poussé par ses croyances, transcendé par son courage, on peut lire dans son regard « je peux y arriver, je vais y arriver ; si d'autres l'ont fait, je peux le faire… ».

C'est le moment tant attendu, le cigogneau se jette dans le vide, bat très rapidement des ailes ; son vol est maladroit au début, puis il prend confiance et s'envole, plane… Il prend du plaisir à prendre de la hauteur et à admirer la beauté de sa Camargue natale. Il entend tous ces sons venus d'en bas, et se régale de ce spectacle qui défile sous ses yeux…

Vous savez, j'ai toujours pensé que la nature est notre plus belle source d'inspiration, notre plus bel exemple. Comme le dit cette phrase que j'affectionne, il suffit juste d'ouvrir les yeux pour se rendre compte que lorsque le soleil se couche, les étoiles apparaissent.

Moi je sais que, s'il y a bien une loi propre à tout l'univers, c'est qu'au départ tout est invisible, presque imperceptible. Et petit à petit certaines choses changent de sorte d'être de plus en plus visibles… L'infiniment grand naît de l'infiniment petit. Remontons ensemble à la source de vos émotions ; pensez à ces situations vous manquez de courage. Souvenez-vous, recherchez bien en vous ces situations où vous manquiez de courage, recherchez derrière ce manque de courage les peurs qui lui sont associées. Ressentez cette peur, matérialisez-la sous la forme d'un objet, puis diminuez par deux cet objet. Diminuez-le jusqu'à ce que cette peur devienne une appréhension. À partir de maintenant vos peurs deviennent de simples appréhensions. Vous prenez conscience de la situation et cela vous permet d'avancer en toute sécurité…

Maintenant, pensez à un moment où vous avez eu beaucoup de courage. Souvenez-vous de ce jour, souvenez-vous du lieu, des personnes autour de vous, souvenez-vous de la température. Dès à présent, vous êtes de plus en plus dans ce lieu. Rappelez-vous ce qui a déclenché en vous le courage : un son, une image, une sensation… Ressentez le courage en vous, et dès à présent à chaque fois que je dirai « avancer » vous multipliez par deux votre courage et vous ressentez deux fois plus ce courage en vous. Avancer malgré les difficultés dans votre vie, avancer sourire aux lèvres, car la vie est comme une bicyclette : pour garder l'équilibre il faut avancer… Laissez ce courage se diffuser dans tout votre corps, laissez-le se diffusez dans tout votre esprit. À partir de maintenant et jour après jour, vous êtes porté par votre envie d'avancer et votre courage. Au départ, ce changement est très intérieur, vous ressentez ce courage en vous, puis vous entendez des pensées bienveillantes et encourageantes qui vous permettent d'aller de l'avant. Alors cela se voit de plus en plus à l'extérieur, au travers de la posture de votre corps, de votre gestuelle, des mots que vous utilisez, de vos actions…

On a tous en nous le courage, la détermination. Le plus important est de croire en soi, de croire en ses rêves et se donner au moins la chance de les réaliser. Et pour paraphraser Nelson Mandela : on a tous cette responsabilité qui consiste à faire scintiller notre lumière pour offrir aux autres la possibilité d'en faire autant.

Peut-être pourriez-vous vous voir dans un futur proche, le cœur à l'horizon profitant humblement de chaque apprentissage de la vie, où chaque difficulté est comme un rite de passage, est le pont vers un plus bel avenir, un avenir où vous faites un pas de plus vers le bonheur, vers la sagesse, un futur où jour après jour vous apprenez, où jour après jour vous vous retrouvez…

Imaginez-vous surmontant facilement les difficultés de votre vie, avec le sourire aux lèvres ; vous êtes heureux, vous sentant bien dans votre peau, votre entourage vous complimente sur votre capacité d'anticipation, à prendre de la hauteur, sur votre force morale… Vous trouvez en vous un nouvel équilibre de vie qui vous correspond, rempli de curiosité, de joie, de simplicité et de bonheur… et d'espérance car l'espérance est la clef qui ouvre les portes du bonheur donnant sur un champ où poussent les fleurs de la sérénité et de l'épanouissement personnel.

5 : apprêtez-vous à revenir ici et maintenant, vous sentant beaucoup plus courageux et déterminé au quotidien.

4 : votre inconscient réorganise vous nouvelles ressources et il se forme un nouvel équilibre.

3 : petit à petit, le conscient reprend sa place et l'inconscient la sienne.

2 : vous profitez de ces quelques instants pour laisser venir à vous un agréable ressenti, une nouvelle énergie positive qui parcourt tout le corps et vous apporte le courage et le sourire…

1 : votre sourire est de plus en plus présent et vous vous sentez de mieux en mieux.

0 : vous pouvez revenir avec le sourire et un état d'esprit très positif.

Prenez le temps de réveiller en douceur le patient, et laissez-lui le temps de recouvrer ses esprits. Observez son langage corporel, puis vous pouvez lui proposer un petit débriefing à chaud, l'inviter à partager son ressenti, ce qu'il a vu, a apprécié… Demandez-lui quelle sera la première chose qu'il va mettre en place pour diminuer sa charge de travail. Vous pouvez lui expliquer que son inconscient va travailler avec cette séance et qu'il se peut qu'il soit un peu plus fatigué ou bien au contraire très dynamique, déterminé, et que s'il a la moindre question il ne doit pas hésiter à vous contacter.

Séance d'hypnose pour se libérer de crises d'angoisse

Utilisation :

Vous pouvez utiliser cette séance en cabinet ou en tant que support audio pour un accompagnement sur le long terme, dès que la crise commence à se calmer.

Pendant la crise, conseillez au patient des exercices de respirations, et dites-lui de travailler avec sa partie rationnelle, de chercher à comprendre pourquoi il a cette crise maintenant, car il faut vraiment sortir de l'émotion. Pour ma part la méthode que j'utilisais est le calcul mental, en se forçant à calculer après des exercices respiratoires, du type respiration carrée, cohérence cardiaque, respiration abdominale.

En cabinet, aidez le patient à comprendre dans quelle situation se déclenchent les crises d'angoisse.

Élément à ajouter pour un enregistrement audio :

Bonjour, ce support vous aidera à en finir avec les crises d'angoisse. N'hésitez pas, après votre écoute, à laisser vos impressions, votre ressenti, à partager avec nous vos interrogations ou votre histoire. Bien évidemment cet audio ne se substitue pas à la consultation d'un spécialiste. Pour ma part, je sais que l'hypnose associée à un travail avec un spécialiste m'a énormément aidé.

Tout d'abord, il est important de raisonner, et surtout de bien respirer lorsque l'on sent que la crise commence à se manifester, et si en plus vous avez l'impression de revivre une situation traumatisante ou très effrayante, essayez de prendre de la distance avec celle-ci, de la voir de plus en plus loin, comme si vous vous éloigniez de cette vision. Surtout, au risque de me répéter, il faut consulter autant de fois que cela est nécessaire.

Avant d'entrer dans un état profond d'hypnose, je vous invite à prendre des précautions pour ne pas être dérangé durant cette séance, vous pouvez prévenir vos proches que vous allez prendre un peu de temps pour vous afin de faire une séance de respiration associée à une séance d'hypnose éricksonienne.

Séance en cabinet :

Vous pouvez dès à présent adopter la position de votre choix, une position qui vous permet de vous relaxer. Il est vraiment agréable de parfois se laisser aller, de prendre soin de soi, et l'intérieur compte tout autant que l'extérieur. Peut-être que vous vous en doutez, mais parfois en se concentrant sur ce qui se passe à l'extérieur, on arrive à voyager à l'intérieur de soi, un peu comme si l'on rêvait…

Il vous est tout à fait possible, avant de fermer les yeux inconsciemment, de laisser votre regard se poser sur un point en face de vous. Observez attentivement ce point. Pendant que vous le regardez, nous allons ensemble effectuer une respiration carrée, c'est très facile : vous allez tout simplement inspirer pendant 4 secondes, retenir l'air dans les poumons pendant 4 secondes, puis expirer 4 secondes et enfin bloquer l'air 4 secondes. Allez-y, faites cela trois fois. Et alors que vous respirez, que vous entendez ma voix, que vous regardez ce point, tout le corps se détend. Et plus le corps se détend, plus les yeux se ferment ; et plus les yeux se ferment, plus le corps se détend...

Vous savez, quand nous sommes fatigués, nos yeux commencent à cligner doucement, et parfois ils se ferment tout seuls. Peut-être pouvez-vous imaginer que plus les yeux se ferment, plus vous ouvrez la porte de votre monde inconscient, afin d'avancer en vous, d'avancer dans ce magnifique jardin intérieur, où fleurissent vos plus belles idées, où chacune de vos joies vous apporte lumière et douceur, comme le ferait le soleil... C'est une lumière tellement utile lorsqu'une partie de nous semble être dans l'obscurité. Tout est possible dans ce jardin intérieur, on peut se surprendre à rêver, décider de changer, et ça change en vous mais surtout cette lumière permet d'explorer le monde qui nous entoure d'une toute autre manière, comme si le fait de regarder à l'intérieur de nous, de changer certains éléments, nous permettait de changer aussi notre vision de la vie, la vision que l'on a de certaines situations, afin de donner plus de sens à nos sens, et une meilleure compréhension de nos appréhensions ou de nos intuitions... C'est un peu comme remonter au pied d'un arc-en-ciel pour voir quel trésor s'y trouve. Tout devient alors possible à qui sait rêver et voyager.

Pendant que tous vos sens continuent de se tourner à l'intérieur de votre être, vous pouvez facilement commencer ce délicieux voyage et vous autoriser simplement à voir ce qu'il y a à voir, à entendre ce qu'il y a à entendre, à ressentir ce qu'il y a à ressentir, et probablement, le plus important pour vous à cet instant, changer ce qu'il y a à changer... Vous savez, cet état qui continue de s'installer permet aussi de prendre conscience de qui l'on est au plus profond de soi. Les spécialistes de l'hypnose vous diront que vous entrez dans une dissociation : vous êtes à la fois là et ailleurs pendant que le corps semble baigner dans une étoffe d'une très grande douceur. Moi je vous dirais que c'est plutôt autre chose : pendant que vous entrez de plus en plus dans un état très profond de transe, c'est un peu comme si on rapprochait deux parties de nous afin de les mieux les relier.

Peut-être pouvez-vous imaginer que vous êtes en train de construire un pont qui vous amène au cœur de vos émotions, au cœur de vos pensées. Combien de personnes ont coupé les ponts avec une partie d'elles-mêmes, par tristesse, pour de l'argent, par peur ? Peut-être est-il temps pour vous de tourner le dos à quelque chose qui est enfoui profondément en vous... Et cela passe par construire un pont, par entrer en vibration avec une partie de soi. Et bien que cet état devienne de plus en plus délicieux, et que vous entriez de plus en plus profondément en vous, une partie de vous, peut-être les deux, peut décider de permettre à ma voix, à mes mots, de vous accompagner sur ce chemin qui conduit à trouver un nouvel équilibre intérieur, à retrouver l'harmonie et le sourire. En remettant des couleurs dans votre vie tout comme le ferait un enfant absorbé par ce qu'il fait et qui laisse l'imaginaire s'exprimer, qui laisse toute la beauté et la magie de l'instant être ses puissances créatrices, vous, avec votre imaginaire, votre détermination, et votre cœur, vous pouvez laisser partir certaines douleurs, certaines images, et même cet appel, ce cri, juste là, vous savez, celui que vous avez dans votre esprit et qui s'exprime dans votre corps... Et même si une partie de nous ignore ce qui est pris et qu'on en paye parfois le prix sous la forme d'une douleur, ou d'une peur à couper le souffle, d'un cœur qui s'emballe, il arrive que parfois on recherche les causes de nos problèmes dans nos pensées alors que c'est notre cœur qu'il faut panser...

Je me dis, pendant que cet état continue de s'approfondir, qu'il est temps pour vous de passer de l'ombre à la lumière, de retrouver cette lumière intérieure qui se voit à l'extérieur. Inconsciemment cet état devient deux fois plus profond et agréable à chaque inspiration, alors qu'une partie de vous m'entend et que l'autre attend de se libérer. Le corps est de plus en plus léger, comme une plume qui se laisse porter par le vent, comme une plume portée par le souffle de mes mots, qui s'envole de l'autre côté de ce pont, vers cette autre partie de vous. Et afin de prendre plus de hauteur et de donner plus de légèreté à ce moment, à chaque fois que je dis le mot « arc-en-ciel » le corps et l'esprit sont deux fois plus légers, et vous entrez deux fois plus en transe. En effet l'arc-en-ciel est plus qu'un symbole : c'est à la fois un rêve et une réalité, l'arc-en-ciel fait le pont entre un monde plus sombre et la promesse de beaux jours à venir. L'arc-en-ciel est aussi un peu comme nous, les humains : on peut paraître tellement simple alors que l'on est composé d'une palette de couleurs, d'une foule d'émotions, et c'est bien cela notre plus beau trésor…

Et parmi les trésors de mon enfance, il y a ces moments passés avec ma maman, le soir avant de m'endormir il y avait toujours un petit rituel. Cela commençait par une petite histoire, puis je m'endormais paisiblement en écoutant de la musique classique. Je me souviens de Dumbo avec ses grandes oreilles, de Pinocchio qui rêvait de devenir un vrai petit garçon, de la Belle au bois dormant… et aussi de cette histoire qui m'a fortement inspiré, celle d'un jeune enfant dont les parents très pauvres était contraint de le laisser se débrouiller tout seul dans la forêt. Il me semble bien que ce soit l'histoire du Petit Poucet, mais permettez-moi de vous en offrir ma version…

Vous savez, lorsque l'on grandit, il arrive un temps où l'on doit avancer seul, construire sa vie, fonder un foyer, trouver un lieu pour construire son bonheur. Alors on s'aventure dans la forêt, sur des chemins de terre, et pour ne pas perdre le lien avec sa famille, oublier ses origines, ou pour se rappeler tout simplement qui l'on est, on prend de petits cailloux que l'on dépose comme pour ne jamais oublier. Et l'on dépose tout au long de notre vie de petits cailloux comme des souvenirs. Parfois, ces cailloux sont de très belles pierres précieuses, et d'autres fois ils sont beaucoup moins beaux, mais coupants et lourds à porter.

Et je ne sais pour quelle raison, parfois, on porte notre regard vers le passé, en arrière, et notre attention se porte sur cette pierre, ce caillou qui a pu nous blesser, nous empêcher d'avancer. Le plus important est de savoir voir, de retourner un peu en arrière, afin de comprendre et de trouver une solution, ou d'éviter de se retrouver dans la même situation. Certains vont trouver un autre chemin, d'autres vont déplacer la pierre, ou la remplacer par autre chose… J'en connais même qui la cassent en petits morceaux. Peut-être pourriez-vous, au-delà de mes mots et des images, opérer ce changement en vous qui vous correspond. Imaginez-vous remontant le chemin de vos souvenirs, et arrêtez-vous au niveau de ce problème inconscient qui vous déclenche des crises d'angoisse. Matérialisez-le sous la forme d'un caillou, puis mettez dans celui-ci toutes vos peurs, toutes vos angoisses, tout votre stress, tout ce que vous ressentez physiquement dans votre corps. Matérialisez toutes les causes et les symptômes dans ce caillou, recherchez bien en vous, au plus profond de votre cerveau où sont localisées ces peurs et ces angoisses, et mettez tout cela dans ce caillou, afin que ça change en vous d'ici quelques instants. Mettez-y tous les symptômes, qu'ils soient physiques ou psychiques, allez-y.

Maintenant il est temps pour vous, au-delà de la symbolique, de briser cette pierre : prenez un objet à côté de vous qui vous permette de briser cette pierre, allez-y, prenez cet objet de votre choix, et cassez cette pierre. Mettez-y toute votre force, toute votre détermination, et cassez cette pierre et tout ce qu'elle représente pour vous. Cassez cette pierre au point que ça change en vous...

Vous savez, dans ma version du Petit Poucet, le jeune Poucet prenait beaucoup de plaisir à faire le chemin en arrière, à aller voir ses parents, à se souvenir aussi de tous les moments de joie qu'il a connus par le passé et qui font la très belle personne qu'il est devenu...

Vous le savez, il peut nous arriver parfois de vivre des événements qui nous coupent le souffle, nous empêchent d'avancer. Il arrive même que l'on ait conscience de l'origine du problème. C'est un peu comme s'il y avait un mauvais film caché sous notre conscience, qui fait que bien souvent, au lieu d'être acteur de notre vie, on en devient le spectateur. Il est alors important, en tant que scénariste et acteur, de remonter le temps, de changer et de modifier certaines scènes qui appartiennent au passé, vous pouvez aussi faire le choix de couper certaines scènes, de modifier leur impact émotionnel, de couper l'affect associé à cette situation antérieure qui vous fait du mal.

Et afin d'aller encore plus loin dans cette séance et vous permettre de totalement vous libérer, peut-être pouvez-vous vous voir, vous imaginer assis en train de regarder à distance ce que votre inconscient veut vous montrer, ce qu'il a enregistré, c'est un peu comme si vous regardiez un film à la télévision... sauf que vous allez pouvoir, comme un scénariste, changer l'histoire, les couleurs, les plans de vue, peut-être même le scénario...

Vous êtes dès à présent assis, en train de regarder cette scène que votre inconscient a mémorisée et qui a déclenché des crises d'angoisse, et vous allez tout simplement changer à votre façon des éléments de cette scène : vous pouvez changer les couleurs, le son, le ressenti et l'interprétation qu'a l'acteur principal de la situation. Allez-y, faites-le, changez les paramètres de votre choix. Allez-y, repassez-vous la scène coupée de toute émotion. Voilà, maintenant visualisez cette séquence avec beaucoup de recul, comme si vous vous éloigniez de tout cela, prenez du recul. Allez-y, encore plus de recul. Ressentez maintenant en vous ces changements, ce mieux-être qui s'installe durablement. Ressentez ce calme, ce bien-être, ressentez comme cela est agréable de respirer calmement, de sentir son cœur qui bat régulièrement, ressentez à quel point vos pensées sont apaisées.

Il est maintenant temps pour vous de vous offrir un cadeau immatériel. Je dis souvent que les biens les plus précieux que l'on possède sont l'amour et le souvenir. L'amour et le souvenir de nos proches, des gens qui nous entourent, qui croient en nous, et le souvenir de la voix des personnes qui nous encouragent, le souvenir d'être aimé, des moments de joie qui font vibrer notre cœur et ajoutent des couleurs à notre vie, leur donnent un sens, une saveur particulièrement agréable... Il faut aussi toujours se souvenir de cette petite voix à l'intérieur de nous qui nous pousse à accomplir de belles choses, à déplacer des montagnes, ou à décrocher la lune pour des causes chères à notre cœur. Peut-être pourriez-vous laissez ma voix être une goutte d'eau dans un océan de pensées, mais une goutte d'eau intensément colorée qui se diffuse et vient colorer le fond de vos pensées, alors qu'en surface se forment des milliers de ronds dans l'eau... Laissez chacun de mes mots continuer de vibrer en vous et continuer de se faire l'écho des changements que votre voix intérieure murmure à votre âme.

Prenez le temps de penser à un moment très positif de votre vie. Recherchez dans votre passé un moment rempli de joie. Souvenez-vous bien de toutes vos perceptions sensorielles lors de ce moment de joie, souvenez-vous du lieu, des personnes autour, de la température qu'il faisait à ce moment-là... Replongez émotionnellement dans ce moment. Rappelez-vous ce que cette sensation positive a déclenché dans votre corps, où elle a occasionné des sensations positives, comment cette joie et ces sensations se sont manifestées dans votre corps… Vous pouvez déjà commencer à ressentir ces sensations positives et de joie dans votre corps. Ressentez-les pleinement. Vous pouvez, si vous le souhaitez, associer ce ressenti à une couleur ou une musique très positive. Et tout ce ressenti positif, vous allez tout simplement le multiplier par deux dès que je vous dirais le mot « souffle ». Dès que je dis le mot « souffle », vous vous sentez deux fois plus positif, deux fois plus rempli de joie, au point que ce ressenti intérieur se voit à l'extérieur. Certaines actions nous coupent le souffle et l'on aimerait les voir partir, s'envoler loin de nous, tout comme l'on souffle sur un vieux pissenlit et qu'. Et puis, il est important de retrouver son souffle, un souffle de vie, un souffle synonyme d'envie.

Et c'est bien cette envie d'être plus en vie qui vous engage à partir de maintenant.

À partir de maintenant, votre inconscient a tourné la page sur une situation ancienne, et il écrit la très belle suite de votre histoire, celle du film de votre vie.

À partir de maintenant, votre inconscient a coupé l'affect avec cette ancienne situation, et cela vous permet d'avancer le cœur et l'esprit légers.

À partir de maintenant, vous avancez avec le sourire, avec un état d'esprit très positif.

Et vous pouvez vous imaginer d'ici quelques jours : vous vous sentez merveilleusement bien, avec un état d'esprit très positif, vous avez cette impression que l'on a mis des couleurs dans votre vie, dans vos pensées… Vous vous sentez vraiment bien dans votre corps et êtes en parfaite harmonie avec qui vous êtes, en parfait accord avec cette intime conviction, cette certitude que vous avez surmonté cette difficulté, que le creux de la vague est derrière vous et que vous vous laissez emporter par les moments de bonheur et de joie dans votre vie. Je vais me taire quelques instants pour vous permettre de profiter de tout ce ressenti positif présent et à venir.

Votre inconscient continue dès votre réveil à réorganiser vos nouvelles ressources pour vous permettre de continuer ce travail intérieur qui se voit et s'entend à l'extérieur.

5 : apprêtez-vous à revenir ici et maintenant, vous sentant vraiment très positif et rempli de joie

4 : vous vous sentez de plus en plus en phase avec qui vous êtes.

3 : apprêtez-vous à revenir ici et maintenant, libéré des crises d'angoisse et vous sentant très calme et détendu.

2 : votre inconscient reprend sa place et le conscient la sienne.

1 : vous pouvez commencer à bouger normalement et vous vous apprêtez à revenir avec le sourire.

0 : vous pouvez revenir ici et maintenant avec le sourire, vous sentant merveilleusement bien.

Bonjour.

Prenez le temps de réveiller en douceur le patient, et laissez-lui le temps de recouvrer ses esprits. Ensuite vous pouvez lui proposer un petit débriefing à chaud, l'inviter à partager son ressenti, ce qu'il a vu, a apprécié. Expliquez-lui que son inconscient va travailler avec cette séance et qu'il se peut qu'il soit un peu plus fatigué ou bien au contraire très dynamique, et que s'il a la moindre question il ne doit pas hésiter à vous contacter.

Je vous invite à vous installer le plus confortablement possible, l'essentiel durant cette séance est que vous soyez bien, que vous puissiez prendre ce temps pour vous et rien que pour vous.

Vous avez le choix d'écouter ma voix ou de décider de ne pas l'entendre, mais sachez qu'elle a tant de choses à murmurer à votre âme, cette voix qui aurait pu être celle d'un ami bienveillant qui vous accompagne tout le temps de cette douce heure, et qui vous montre simplement une voie, parmi tant d'autres, afin de libérer les émotions qui pèsent sur votre cœur…

Juste avant d'entrer dans un état très profond et agréable d'hypnose, je vous invite à ne pas fermer les yeux maintenant, pour laisser votre regard se poser là où il désire se poser, et de faire comme si cet endroit que vous fixez avec attention était votre centre d'intérêt, la chose la plus intéressante pour vous en ce moment. Cet endroit est un peu une porte vers votre monde intérieur, et plus vous le regardez, plus vos yeux se ferment, et plus vos yeux se ferment, plus votre corps se détend, afin de vous permettre d'entrer profondément en vous. Comme vous le savez, il est si bon de prendre du temps pour soi, de plonger à l'intérieur de soi, pour y faire ce qu'on a à y faire… Et comme je dis souvent, tout ce qui est intérieur se voit à l'extérieur.

Alors c'est tout naturellement que je vous invite à vous rendre encore plus beau ou belle à l'intérieur que vous ne l'êtes déjà…

J'ai appris que dans la vie, il suffit d'enlever un peu la poussière qui s'est déposée avec le temps pour se rendre compte qu'en dessous, il y a un fabuleux trésor.

Et bien au-delà des beaux mots, c'est bien de vous qu'il s'agit, de prendre soin de vous, pour tout simplement être heureux ou heureuse.

Tandis que vous m'entendez, tout votre corps entre de plus en plus dans une transe profonde et agréable au rythme de votre respiration.

Prenez le temps d'inspirer librement, et d'expirer tranquillement. Ressentez cette harmonie qui s'installe, la façon dont la poitrine se soulève pour permettre à l'air d'entrer dans les poumons. Ressentez à quel point tout le corps s'harmonise au rythme de votre respiration, une respiration qui se fait de plus en plus calme, fluide, et qui retire tous les points de tension dans le corps.

Appréciez cette intériorisation, ce moment où progressivement tous vos sens se tournent vers l'intérieur de votre être, comme pour mieux voir ce qu'il y a à voir en vous, mieux entendre ce qu'il y a à entendre, et mieux ressentir ce qu'il y a à ressentir.

Une partie de vous, peut-être les deux, peut être curieuse de savoir si vous allez profondément entrer en transe maintenant, ou d'ici quelques instants, lorsque vos paupières seront lourdes et se fermeront pour vous permettre d'entrer encore plus profondément en vous, au cœur de vos émotions.

Souvent, le fait de fermer les yeux permet de développer nos autres sens : notre ouïe, notre toucher, tout ce que l'on peut ressentir. Et c'est dès lors que vos paupières sont fermées que vous pouvez vous intéresser à toutes les sensations agréables dans votre corps : la chaleur, cette grande énergie vitale qui circule en vous, cette belle sensation de bien-être qui grandit à votre manière, au rythme délicat de votre respiration, une respiration parfaitement harmonieuse qui vous permet d'apprécier ces sensations agréables qui s'amplifient dans le corps et dans l'esprit.

Vous pouvez porter votre attention sur le point d'origine de ce bien-être qui grandit, car vous seul connaissez son origine, et c'est vous qui décidez de son amplitude et de son intensité.

Je me demande si vous préférez ressentir dans le corps une sensation moyenne de bien-être, ou bien une énorme sensation de mieux-être ?

Alors que vous êtes là, détendu, que vous respirez calmement et que vous entendez ma voix, votre corps se détend et plus vous vous détendez, plus vous rentrez en transe, et plus vous rentrez en transe, plus cela vous détend…

Vous trouvez de plus en plus une belle harmonie entre ce bien-être qui grandit et votre respiration qui retire de mieux en mieux toutes les tensions dans le corps et dans l'esprit.

Inutile de trop retenir ce que vous souhaitez lâcher, car on ne peut pas lâcher ce que l'on ne peut pas tenir, et vous ne pouvez pas ne pas vouloir tenir à lâcher prise, pendant qu'à chaque inspiration ce lâcher-prise est de plus en plus intense et agréable.

Vous savez, il est si bon de céder pour pouvoir s'aider, et peut-être pourriez-vous laisser une partie de vous plus consciente s'évader dans un magnifique voyage, un endroit qui vous apporte beaucoup de sérénité. Pendant qu'inconsciemment cela change en vous, vous pouvez laisser venir à vous de très belles images d'un endroit de la nature.

C'est lorsque nous sommes au plus profond de nous-même que nous nous changeons pour pouvoir être davantage nous-même, trouver le vrai soi, l'authentique. Il est alors inutile de souffrir pour pouvoir s'ouvrir utile. Et parfois, il faut simplement se perdre pour mieux se retrouver, retrouver la personne en or que je sais que vous êtes.

Avant de vous libérer émotionnellement de tout ce dont vous avez à vous libérer, je vous invite à approfondir deux fois plus cet état dès que vous entendez le mot « bonheur ».

Dès que vous entendez le mot « bonheur », vous entrez deux fois plus profondément en transe, et votre corps est deux fois plus détendu. J'ai voulu faire de cette séance un modeste accompagnent vers le bonheur, et bien que je sois conscient que le bonheur est temporel, je sais que c'est le bonheur pour vous de profiter librement de ce moment, et comme le dit cette très belle expression, le plaisir se ramasse, la joie se cueille, et le bonheur se cultive. C'est donc tout naturellement que je vous souhaite un grand moment de bonheur ainsi qu'une belle libération.

Je propose à votre partie émotionnelle d'imaginer une énorme vague qui va et vient dans votre corps. Imaginez une grande vague de bien-être qui parcourt votre corps de la tête aux pieds et des pieds à la tête au rythme de votre respiration. Ressentez, visualisez cette vague qui parcourt tout votre corps, tout votre être ; et dès à présent, plus vous inspirez, plus cette vague grandit. Appréciez cette agréable sensation.

Permettez à cette vague de progressivement devenir un tsunami puissant de bien-être qui va et vient dans votre corps au rythme de votre respiration. Imaginez cette grande vague, ce tsunami qui parcourt de plus en plus tout votre être et votre passé émotionnel.

Progressivement, laissez disparaître ce qui doit disparaître. Permettez à ce tsunami de retirer vos émotions trop tristes, douloureuses, liées à certains événements. Laissez toute la tristesse, la colère, toutes les larmes versées disparaître de votre esprit. C'est un peu comme si au-delà des mots et des métaphores, une partie de vous retirait toutes les émotions tristes associées à des choses que vous avez vues, entendues, ressenties et même vécues. Acceptez de laisser votre inconscient au travers de cette grande vague qui parcourt toute votre mémoire émotionnelle pour vous libérer de la douleur, la tristesse, et de la colère.

Libérez-vous de tout cela afin de laisser simplement place à une sensation de bien-être, d'harmonie, de paix intérieure. Laissez tout ce qui doit sortir !

Souvent, lorsqu'on libère une émotion, nos larmes peuvent couler, mais ce sont des larmes de joie, des larmes d'une tristesse libérée, alors laissez simplement venir à vous les images, les sons, les sensations, tout en laissant le tsunami retirer vos émotions négatives, les émotions tristes et les trop fortes douleurs de votre passé.

Ce tsunami magique a le même effet qu'une vague sur les pâtés de sable, ou les châteaux que l'on construit sur une plage. La vague va et vient jusqu'à ce que les constructions disparaissent, pour simplement rendre à cette superbe plage sa beauté naturelle. Il paraît que la nature reprend toujours ses droits, et vous avez le droit de retrouver votre vraie nature. Ce tsunami vous libère à un niveau inconscient des émotions négatives, de vos émotions tristes, sombres, pour mettre en lumière toute votre beauté, (*chuchoter*) je vous parle de la vraie beauté, celle qui se voit dans vos yeux, sur votre sourire, mais encore plus celle qui est à l'intérieur, la beauté de l'âme

Je vais me taire quelques instants et laisser ce tsunami vous libérer de tout ce dont il a besoin pour vous permettre d'être plus heureux. Dès à présent, plus vous vous libérez de ce dont vous avez à vous libérer, plus votre visage s'illumine et plus vous souriez.

Très bien, libérez-vous entièrement de ce dont vous avez à vous libérer, faites cela pour vous, pour les personnes chères à votre cœur. Laissez votre sourire être de plus en plus présent et plaisant...

À partir de maintenant vous êtes libéré définitivement de vos anciennes émotions négatives, vous vous sentez merveilleusement bien, en accord avec vous même, magnifiquement beau.

Vous vous voyez jour après jour bien dans votre peau, en parfaite harmonie avec vous. Vous êtes de plus en plus sûr de vous, et votre passé est maintenant votre force. Cela vous rend fier et confiant en l'avenir. Vous respirez la santé et le bien-être, vous appréciez pleinement le plaisir de cette liberté retrouvée.

Je vais faire un décompte de 3 à 0, lorsque que j'atteindrai 0 vous allez revenir ici et maintenant parfaitement réassocié, avec un magnifique sourire et vous sentant merveilleusement bien.

3 : préparez-vous à revenir dans une pleine forme physique et psychique, vous sentant merveilleusement bien.

2 : apprêtez-vous à revenir ici et maintenant avec le sourire, libéré de toute tension.

1 : vous vous sentez merveilleusement bien, votre conscient, votre inconscient, votre corps sont dans une parfaite harmonie, en total accord avec la belle personne que vous êtes, et vous allez vivre une vie remplie d'amour et de joie.

0 : vous pouvez revenir ici et maintenant dans une pleine forme physique et psychique, et vous sentant merveilleusement bien.

Bonheur, Amour

Prenez le temps de réveiller en douceur le patient, et laissez-lui le temps de recouvrer ses esprits. Ensuite vous pouvez lui proposer un petit débriefing à chaud, l'inviter à partager son ressenti, ce qu'il a vu, a apprécié… Expliquez-lui que son inconscient va travailler avec cette séance et qu'il se peut qu'il soit un peu plus fatigué ou bien au contraire très dynamique, et que s'il a la moindre question il ne doit pas hésiter à vous contacter.

Remerciements

Je remercie Michel de Zenzone.tv pour la qualité de nos échanges, pour son analyse technique et ses conseils bienveillants.

Je remercie John Leday pour ses encouragements lors de l'écriture de ce livre dans des conditions difficiles, ainsi que Jasmine Murat pour ses conseils réguliers et la qualité de nos échanges.

Je remercie avec sincérités et respect tous mes frères d'armes et amis du Royal Artillerie, j'ai eu la chance d'apprendre de chacun dans cette magnifique école de la vie.

Je remercie mes amis de toujours : Christophe Alexandre, Alexandre Voisin, Thierry Bonastre et Nathalie Wofelsberger.

Je remercie ma famille : Déborah et Jérémie, Séverine et Rémy, Steve et Alicia, mes beaux-parents Daniel et Christine, mes parents, tous mes exemples, les personnes vivantes et celles qui sont parties trop tôt, ainsi que toutes les personnes qui m'ont fait confiance.

Je remercie Adam et plus particulièrement Maéva de May photographies Rixheim, Alsace pour ses magnifiques photos et ses belles qualités artistiques.

Je remercie mes enfants d'être toujours à mes côtés et de me laisser entrevoir dans leur regard la fierté qu'ils ont pour leur papa.

Je remercie ma femme pour sa force de caractère, pour son accompagnement tout au long de ce beau parcours, pour m'avoir relevé, cru en moi et encourager à réaliser mes rêves.

Je remercie toutes les personnes que j'ai croisées, aidées ainsi que toutes les personnes qui m'ont suivi sur YouTube (hypnose clhé), ou sur mon site www.hypnoseclhe.com : grâce à vos partages, vos interrogations, vos conseils ou vos exigences j'ai pu apprendre l'hypnose et sur moi de la plus belle des manières.[1]

Printed in Great Britain
by Amazon

80886727R00078